解码拖延症

Decoding Procrastination

李春润　李　蕾　著

中国纺织出版社

内 容 提 要

大多数人都有拖延症，他们总是安慰自己：反正不忙，还有时间，明天再说。明日复明日，明日何其多，他们每一次都用完美的理由说服自己，拖到最后除了遗憾再无其他。解码拖延症，告别拖延，你会更加优秀。

本书从拖延症产生原因、现象剖析、告别拖延症等方面，阐述了如何解码拖延症。你有拖延症吗？如果有，希望你读完这本书后，不会再拖延，不会再懊悔，然后过上充实而又美好的每一天。

图书在版编目（CIP）数据

解码拖延症 / 李春润，李蕾著 .-- 北京：中国纺织出版社，2017.12（2024.8 重印）

ISBN 978-7-5180-4513-6

Ⅰ.①解… Ⅱ.①李… ②李… Ⅲ.①时间—管理—通俗读物 Ⅳ.① C935-49

中国版本图书馆 CIP 数据核字（2017）第 319053 号

责任编辑：闫 星 特约编辑：李 杨 责任印制：储志伟

中国纺织出版社出版发行

地址：北京市朝阳区百子湾东里 A407 号楼 邮政编码：100124

销售电话：010—67004422 传真：010—87155801

http://www.c-textilep. com

E-mail:faxing@c-textilep. com

中国纺织出版社天猫旗舰店

官方微博 http://weibo.com/2119887771

鸿鹄（唐山）印务有限公司印刷 各地新华书店经销

2017 年 12 月第 1 版 2024 年 8 月第 5 次印刷

开本：710×1000 1/16 印张：14.5

字数：205 千字 定价：59.80 元

凡购本书，如有缺页、倒页、脱页，由本社图书营销中心调换

序言

在生活节奏极快的当下，大家如何更好地活出自己的样子？是很多人想要的答案。但出于某种惰性因素，常常使我们在生活中产生一次次的拖延，一次次的错过，而人与人之间成功的差距就这样被拉开了。如果很多事情，你在第一时间去做，没有浪费时间，那么现在的你会在哪？为了唤醒那些沉睡的心，书中并没有什么教条式的长篇大论。更像是两人的直面交流。

作者与我相识于一个很多年前的夏天，在山东的一所寺院里，那时他还在读研究生，我从北大赶过去给他们讲《职业生涯规划》课程。第一眼的印象，他是一个意气风发、阳光率真、逻辑思维很强的年轻人。跟大多数学生不一样，言语不多，但做起事情来却井然有序。当时在寺院里，禅修营中两个大队分配同样的任务，他带的大队总是又快又好的完成，领导力和执行力不能小觑，而他的职业生涯规划也做得很成功。

对于现在的年轻人，拖延已成为了一种习惯，更有甚者认为拖延是一件“光荣”之事，是一种压力，而这种压力能够使自己在最后一刻迸发出巨大的“能量”。其实，拖延症并反应出的并不是一个人对自我的管理问题，而是一种心理问题。这个心理问题是对自己，如何自处的一种管理能力。

看了作者的书，更深刻的认识到治愈拖延症对职业生涯的成功与否，有多么的重要。对拖延症的研究，是近几年才有的。之前从未把拖延症当

做一种心理病来治疗过，而拖延症可以说是现在每个人或多或少都有的问题。之前斯蒂尔找出了形成拖延的四个成因——对成功信心不足、讨厌被人委派任务、注意力分散和易冲动、目标和酬劳太过遥远。细细看来确实与当下很多人不愿望梅止渴，而更想直接看到结果的浮躁心态有关。

这本书分别从多个维度去分析，首先是解码拖延症，拖延症的具体的表现，教你如何正确判断自己是否有拖延症。其次是对拖延症现象的剖析，有哪些是导致拖延的原因，对自身有一个深刻的认识。最后是如何去解决，我认为这一部分写的特别好，从价值观导向和心灵治愈入手能够更好的让大家去改变。

当然很多时候我们会把计划做的假大空，而现实往往是把计划分的越细就越有可能成功，比如书中的例子，如果你想一个月减掉10斤，这个计划就很有可能流产，而当你把计划定做为每天早上6点跑步40分钟，每晚8点做30个俯卧撑。这样你的计划就很有可能在不知不觉中成功。在这本书里还教授了很多具体的办法，对于有很多被拖延症困扰的人会有很大的帮助。

我希望这本书在分享案例的同时，更好地让读者认识自我、了解一门学科。哪怕对你的改变只有一点点，只要坚持下去是可以活出自己想要的人生。一辈子很长但也很短，我们或许不能选择自己的出身与智商的设定，但我们可以通过心灵的修持，智慧的提升活出自己希望的样子，而不是在被拖延的捆绑下继续生活。

祝开滨

前言

说起拖延这个毛病，大概生活中没有人敢说自己绝对没有。许多人曾经立下无数个目标，却又常常感到缺乏动力去实施，最终不了了之。

人们是什么时候开始患上拖延症的，恐怕已经无从得知了。年幼的孩童从妈妈的呼唤声中醒来，却不愿离开温暖的被窝，他们总是委屈着撒娇，然后如愿赖在床上一个早上；放学之后的孩子，总是先玩够了才开始做作业，结果本来半个小时能写完的作业硬是拖到深夜，第二天又迟迟不愿意起床；上大学之后，经常在网上看各种小说和贴吧，或是玩毫无益处的游戏，却不愿意看专业书籍，哪怕临近毕业之前的论文，也总是在最后一刻才会因紧迫感而开始准备。许多的借口铺成了无尽的拖延之路，人们就这样离自己的理想越来越远。

拖延症，通常指的是自我调节失败，即便在可以料到后果无益的情况下，依然将原本计划要做的事情往后推迟的一种行为。当然，拖延现象普遍存在，区别在于程度是否严重。大部分人认为自己偶尔拖延，但还有一部分人认为自己总是拖延。

人类从进化以来，就有一种自我保护意识，远离有害的，趋向有利的。尽管他们知道努力会有一定的效果，但是不努力则让自己过得一时舒适，明明知道这样不好，但就是忍不住。在心理矛盾的转化之间，最终人们更多地在乎自己一时的心情，忍不住多看电视，忍不住多玩手机，忍不住多聊几句，忍不住多玩一会儿……因为忍不住，就这样又多拖延了一会

儿。曾经想要努力的是你，最终拖延到一事无成的也是你。

然而人们根本不能承担自己拖延带来的后果，往往会因为拖延产生自责、内疚等情绪，甚至贬低自己、不断地否定自我，或是伴有焦虑症、抑郁症等心理疾病。若是出现这样的情况，就需要警惕了，需要适时告别拖延症，一旦立下目标，就马上行动。

目录

拖延现象，谁为你的拖延埋单

生活中，拖延是一种普遍存在的现象，大部分的人认为自己有时拖延，甚至有部分人认为自己一直拖延。实际上，拖延会对人们的身心健康造成严重的影响，比如，会导致个人自责、产生负罪感，不断地自我否定、贬低，还会导致焦虑症、抑郁症等心理疾病。

今天你拖延了吗?

你是不是属于“晚上睡不着，早上起不来”的类型？晚上刷朋友圈到一两点，还是迟迟不肯睡，早上却一直醒不来，如果闹钟定在6点，那么每隔5分钟响一次，会一直赖床到6点50分挣扎着起床。

工作时，总会拖到最后一刻。当上司说策划案下周需要，明明今天就可以完成，非得拖到下周的前一天，甚至前一天晚上才急匆匆地赶完。而当上司询问进度的时候，他反而会面有难色：“这个策划案真的很难呢，我思考了好多天，一点儿头绪都没有……”事实上，他这几天都在忙里偷闲打游戏呢。

如果你身上有这些特质，那么“恭喜”你，你已经患上了“拖延症”。

尽管许多人已经意识到自己有拖延的习惯，但事实上他们并未确切地知道“拖延症”究竟是什么，所以他们才会乐此不疲地在拖延与负罪的情绪中挣扎，却怎么也摆脱不了拖延症。

什么是拖延症呢？简单地说，就是非必要、后果有害的推迟行为。

米妮是一位资深拖延症患者，她一直梦想着自己写一本小说，每天都在思考着故事框架，在玄幻题材和古装题材之间犹豫不决。思考了半年，她决定写一本玄幻题材，又思考了小半年，出了一个故事大纲，她当时信

心满满，准备写出一本“前无古人，后无来者”的IP作品。

接下来一年的时间，米妮每天都在忙碌各种与写作无关的事情。到了年底，她终于想起被自己搁浅很久的创作，是时候开始着手做了。

于是，她开始看书、搜集资料、寻找灵感。但是她发现，对于创作来说，仅仅一年半载的时间是根本不够用的，那些之前拟写的故事大纲，都因为时间太久而无法想起故事到底讲述的是什么。

结果，三年过去了，她只能拿出不到两千字的故事大纲，曾经的作家梦、美妙的幻想在拖延症的影响之下只能不了了之。

拖延症，就是如米妮一样把眼前的事情放置于明天。尽管生活中有一些拖延症只是表现在细枝末节上，但时间长了，对于个人的发展是非常有害的。事实上，拖延症已经成为心理学中一个重要的研究课题。

1542年，爱德华·霍尔在书里第一次提到“拖延”这个词，同一时期的中国流传着一首脍炙人口的《明日歌》：“明日复明日，明日何其多。我生待明日，万事成蹉跎。”“拖延”这个词语先是被翻译为“罪过”，后来，拖延才被赋予这样的含义：以推迟的方式逃避执行任务或作决定的一种特质或行为倾向，是一种自我阻碍和功能紊乱行为。

当然，仅仅是平时做事拖沓或懒得去做，只能被称为“拖延”，这只是一种坏习惯，改正它也比较容易。而只有当“拖延”已经影响到情绪，如出现强烈的负罪情绪、内疚、不断自我否定、贬低自我，同时伴随着焦虑症、抑郁症、强迫症等心理疾病，才能被称为“拖延症”。

一个人的拖延是如何形成的呢？比如，一个人认为自己在一周之内能够完成的事情，距离期限还有十天的时候一点也不着急，直到最后剩下3天才开始。尽管从表面上看，这种紧迫感和焦虑往往能激发人的斗志，会让他感到只有在压力下才有做事的状态。当他完成事情后，完成的效果似乎

也不差，这就进一步强化了自己最适合在最后期限之前短暂高压的状态下做事的心态，然后强化这之后的一系列行为，由此渐渐养成拖延的习惯。

那么，拖延心理是怎么产生的呢？

1.内心的畏难情绪

许多恐惧是我们意想不到的，许多人明明对一些事情充满着恐惧却不清楚自己到底在害怕什么，有的人声明自己并不害怕但他一直在逃避某些事情，这些就是潜在的恐惧心理。有的人越是逃避，越是害怕，为了逃避，只能慢慢拖延，比如，害怕繁重的工作，于是早上不想起来，总觉得有一种畏难情绪。

2.混乱的作息时间

通常拖延症患者的时间作息表都是混乱不堪的。他们常常会盲目乐观地估计自己的能力，于是打算在睡前加班将工作完成，事实上他们根本不清楚自己是否能顺利完成；恐惧确切和时间，比如，总是等到主管催了一次又一次，才交上自己的工作任务；没有具体的规划，拖延症患者根本不知道自己完成一件事情需要多久，也没办法说出自己的具体计划，他们总是想捍卫自己的自由，甚至想逃避时间的控制。

3.心理矛盾

拖延症患者行为与心理的矛盾表现为：一方面他们害怕时间不够用，担心没有时间；另一方面他们不到最后一刻决不采取行动，几乎不会提前开始行动。哪怕是之前开始行动，也没办法坚持下去。对于大部分喜欢拖延的人而言，他们的心路历程就是这样。

4.过分追求完美

有的人喜欢追求完美，当他们在做一件事情的时候，总是犹豫不决，改来改去，临到紧急关头也拿不定主意，无法作出决断。这些问题导致他

们对自己应当做的行为一拖再拖。

小贴士

你是否有这样的表现呢？今天的事拖到明天做，六点钟起床拖到七点再起，上午该打的电话等到下午再打，每天要写的文案拖到最后时刻写，今天要洗的衣服拖到明天再洗，这个月该拜访的朋友拖到下个月再拜访。如果你有这些表现，那么你已经有了拖延的习惯，应警惕自己的行为。

幼时的不良习惯会导致拖延症

现代人拖延症的形成有诸多方面的原因。在这个信息时代，周围的环境容易导致人们的注意力缺失和不集中，表现为十分容易走神，兴趣过于分散，不管做什么都没办法持续太长时间。比如，当你打开电脑准备工作的时候，会忍不住打开手机看有没有新的短信和微信，忍不住打开朋友圈看有没有人对自己刚发的照片进行评论和点赞，或者干脆直接刷十分钟的朋友圈，忍不住在QQ上跟朋友聊一会儿，忍不住打开淘宝的页面看看有没有合适的东西，哪怕自己并不需要购买什么。

拖延的习惯并非一朝一夕养成的，而是在漫长的成长岁月中一点点养成的。幼时的一些拖沓习惯也会造成成年之后的拖延症。幼时做事拖拖拉拉，父母一件事说很多遍，自己才会去做，甚至父母说好几遍自己都无动于衷，这种习惯必然会强化成年之后的拖延行为。

林妈妈很是苦恼：“我简直受不了我女儿了！她是不是有什么毛病

啊，干什么事情都是磨磨蹭蹭的，原本半小时就能写完的作业，她磨蹭两个小时都写不完，我在旁边看着，真是要抓狂了！”

林妈妈9岁的女儿每天放学回家后，并没有疯跑出去玩，而是乖乖坐在学习桌前，掏出作业本，摆出一副学习的架势。不过没写几个字之后，就跑去喝水，刚坐下，又叫着要吃东西，不一会儿又开始摆弄橡皮，忙活了半天，作业却没写完。

刚开始林妈妈还会耐心纠正，后来一着急，就开始打骂了。几次三番后，女儿依旧写作业拖拉，林妈妈无奈，只能带着孩子找心理医生咨询。

心理学家认为，人们在幼时所受到的严重溺爱，会导致拖延症。很多人都有这样的经历：在小时候，不管自己做什么事情，都有父母帮忙。在孩子的幼年时期，父母会怀着一种爱孩子的情绪，总是希望能够给孩子最宽松的环境。在这样的情况下，人们在幼时通常能够没有压力地生活。在大部分事情都由父母全权操办的情况下，孩子也会越来越依赖父母，在遇到事情的时候，第一时间想到的也是让父母去做。假如非要自己解决，他们就会采用拖拉的方式。

当然，人们在童年时期的拖拉并不是故意的，而是对所要做的事情不熟悉，他们害怕，试图通过拖拉的方式来逃避，像类似于写作业、穿衣服、使用筷子等，都容易让孩子产生抗拒。而且，幼年时期的儿童，不会像成年人一样有很强的时间观念，那时候在乎的是可以多玩耍一会儿，由于模糊的时间观念，他们很难明白“今天的事情必须完成，明天还有明天的事情”的道理。

再者，心理学家也指出，幼童不容易控制自己的注意力，吃饭时看电视，就边吃饭边看电视；做作业时听到外面有动静，就会跑出去看看；本来想去刷牙，结果看见小猫过来了，就会逗逗小猫。这些问题很容易造成

孩子做事拖拉。

不过，也有的人天生性格安静，做事缓慢，不管遇到什么事情，就是紧张不起来，做事情慢条斯理。眼看时间都快结束了，还是慢吞吞地，急死了身边人，自己却一点也不着急。

在童年时期养成的拖延习惯，成年之后的我们要付出更多努力，才能改正这个坏习惯：

1.规定任务，规定时间

如果对一些比较困难的事情难以着手，可以准备一些简单的问题，规定时间，看在单位时间内自己可以解决多少问题，敦促自己提高效率。在进行此项训练时要下意识地记在心里，然后在自己做事时争取尽快完成，比如，可以先规定一个小时写一篇稿子，或两个小时做个PPT，看自己在规定的时间内到底能完成多少，然后记下来，进行对比，让自己体会到时间的宝贵。

2.适当自由支配的时间

有的人每天工作比较多，因为上司总是会布置一些新的任务，把时间安排得非常满。这时候人们内心就会看出端倪，只要自己有空，上司就会布置新的任务，所以有些人的对策就是拖延完成任务的时间，在做事时边做边玩，消遣了自己，又拖延了时间。这种情况下，我们可以适时给自己自由支配的时间，事先估计一下完成任务需要多久，其余的时间可以适当休息。

3.设定奖赏

我们可以为自己设定奖赏，比如给自己安排一个任务，规定在什么时间一定要完成，假如完成了给予什么奖励，否则就给予惩罚。给自己安排任务的时候，记录一下任务的时间是几点到几点。假如任务完成了，就要

兑现奖励，比如看一部电影；反之，若没有完成，也要兑现诺言，比如继续做，直到把事情完成。

4.一个好的形象

改掉拖延症，需要随时保持一个不拖沓的形象，需要在平时生活中做事有计划、有效率，否则你留给别人的印象就是拖拉的一个人。

5.给自己制定规划表

我们可以给自己制定规划表，比如早上7点至7点10分起床，穿好衣服，刷牙。7点15分至7点30分吃早餐。将自己一天应该做的事情都规定好，然后努力去完成，不完成给予处罚之类的，这样就会自动自发地去做了。

尽管拖延症的形成可以追溯到童年时期，但幼年时期接触什么样的认知并非自己能够选择的，所以也别把患上拖延症看成是自己的错。找到拖延症根源的目的不是推卸责任，而是马上行动，改掉拖延的坏习惯。

拖延症有哪些具体表现?

没有时间写工作报告却有时间逛街，没时间看书却有时间玩手机，没有时间给客户打电话却有时间跟男朋友煲电话粥……生活中，总是有很多琐碎的事情让人难以将精力集中到正事上。尽管有人说：“拖延是很正常的行为。”不过，拖延毕竟应该有个尺度。若任其发展不加控制，拖延症

可以让一个上班族失去工作、让一个学生无法通过毕业考试。

拖延症的表现并不完全是懒惰，尽管拖延症患者在做正事没有兴趣，但他们乐于打扫卫生、逛街购物，他们只是不愿意坐在电脑面前写工作企划案。当然，这样一些人也会做不愿意做的事情，那是因为他们可以从中减轻一些压力。

拖延症，一种病态的拖延行为，已经成为现代人的通病。现代社会是一个自己不断制造内容同时不断浏览评论别人制造内容的网络时代，人们在文档、微信、网页、微博之间快速切换，慢慢迷失了自我。每个人同时做很多事情，在这个过程中却不停地被干扰，然后又不得不无休止地解决这些干扰。所以，一件本来可以在短时间内完成的事情就这样一直在拖沓中浪费了很多时间。

如果你一连几个月在每天结束时记录自己的工作时间长度，你就会发现一个惊人的事实：想象中的工作量比现实中的要大。或许你估计自己每个星期平均须工作36个小时，但实际记录上只有约23个小时。

王大爷是一位农夫，早上起来他告诉妻子自己要去耕田。当他走到田间的时候，却发现牛还没吃草，于是他便背着背篓上山，准备给牛割草，但走到庄稼地里，却发现地里草很茂盛，把菜都淹没了，他才想起上周就打算来除草。于是，他又开始为庄稼地除草，这时他想起牛还被拴在田埂边，于是，他又扔下镰刀和背篓，赶紧把牛牵回牛棚……而这时已经是中午了，妻子煮好了饭等他回家吃。他一边吃饭，一边思考着：我下午到底去干什么活儿呢？

王大爷忙忙碌碌一上午，结果田没耕好、牛也没喂、草也没割，到了晌午，什么也没做成。王大爷的故事体现了一种拖延心理：可能在某些时候，人们不是在逃避问题，而是分散了注意力。当他们做这件事时，总会

盯着那件事，他们看起来总是很忙，但最后也只能像王大爷一样，忙忙碌碌半天，结果一件事也没完成。

有一个有趣的现象：那些工作时间多的人并不一定工作能力强。真实情况恰恰相反。虽然他们经常坐在电脑前，但工作并没有太大进展，他们会在一开始就很乐观地想象已经完成的事情：办公桌打扫干净了，垃圾桶也清理了。然后他们就开始为自己的拖延寻找借口：对下一步的工作感到恐惧——对工作报告害怕还是做PPT更害怕？或者最终选择看网页？还是由于缺乏兴趣而没办法集中精力工作？

当然，一个人在拖延过程中还是会有意识或无意识地进行思想斗争，挣扎着到底去做还是休息，这或许是为了保护自我价值观不被损害。比如，对于颇有难度的工作，如果花3天时间去完成，那可能效果会不尽如人意；如果花一周时间去完成，结果可能不会太糟，但时间上会比较拥挤。

杨珊生活中有拖拖拉拉的习惯，在工作压力下，她一下班回家就马上以“葛优瘫”的姿势躺在沙发上，明明决定要做的事情不去做，反而拿起手机翻看着朋友圈，最后到了睡觉时间了，才发现下班后什么事情都没有做成。

如果问她为什么做事拖拉，杨珊一定会回答：“事情太多了，生活和工作的压力太大了。”

现代社会竞争激烈，一个人不想被这个社会淘汰，就要给自己制定一个比较高的标准，这样才能应对繁复的工作和生活带来的压力。而实际情况是，当一个接一个的问题出现时，人们就会下意识地选择逃避，就会不自觉地拖延。

通常拖延症患者存在这样的心理：自卑，由于每次完成任务都达不到自己最高的预期，对自我能力的评估会越来越低；瞎忙，很多事情拖着

没做，是由于自己总是处于很忙的境地；个性顽固，旁边的人催促也没有用，自己准备好了自然就会开始做；不自觉地控制别人，旁人再着急也没用，所有事都要等自己到了才能开始；对抗压力，因为每天压力很大，所以要做的事情一直被拖着；以受害者心态，不知道为什么自己会这样，别人能做的自己却做不到。

那么，拖延症有什么具体表现呢？

1.拖延已成为生活的方式

很多人认为自己是长期拖沓的人，对他们而言，拖延已成为生活的方式，尽管不愿如此，但这种状态充斥着日常生活。不能按时上班，不能好好工作，直到最后时刻才努力加班。他们并没有把拖延现象当成非常严重的问题，这其实是一个自我调节的问题。

2.源于心态

法拉利说：“要一个拖拉的人做一个有计划的人，就像让一个长期消沉的人马上振奋起来一样难。”拖延并非时间管理或者计划方面的问题，拖延并不因个人对时间的估计能力而不同，尽管这些人比较乐观一些。

3.拖沓容易受人影响

当然，拖延并不是天生的。这种特性很容易受身边人的影响，可能源于童年时期严厉的家教，那时，拖延可能是一种反抗的形式。若身边的朋友也宽容这样的拖沓，那么所导致的结果就是养成拖延的习惯，严重不遵守时间，没有时间概念，不把别人的时间当时间。

4.自我欺骗

有拖延症的人容易对自己撒谎，比如“我更想明年做这件事”，或者“有压力我才能做好这件事”，但事实并非如此。拖延症患者经常误以为时间压力会让他们更有创造力，实际上这只是他们的错觉而已，他们不过是在浪费时间。

5.喜欢消遣

有拖延症的人会不停地找消遣的事情，尤其是自己不需要承诺什么的事。比如看电视、玩游戏、玩手机等，这样的事情是他们调节情绪的一个途径。

6.拖沓的坏习惯

拖延症带来的损害是巨大的，比如损害身心健康，喜欢拖沓的人更容易患病。拖沓也会影响身边人的情绪，破坏工作团队协作。

拖延会改变一个人的行为，不过不会耗费多少精神力量。想要摆脱拖延症，绝不是一个念头就可以马上改变的，关键需要靠自己下定摆脱拖沓的决心，这需要很大的精神动力才可以完成。

现时偏向型偏好的根源

生活中，总会有很多人遭受拖延症的困扰。一时兴起买了很多做营养粥的食材，却是用来塞满厨房，从来没做过；买回一大堆书，准备读完这些经典读物来提升自己，但实际上这些书买回来之后，放在书架上积满了灰尘，却从没有拿下来过。虽然如此，我们依然习惯性地购买东西，当时总想象着有一天勤劳的自己把这些东西用完，把书读完。结果，家里搁浅的东西越来越多，丢掉的垃圾越来越多，书越堆越高，但是我们依然没有

付出任何行动。

卢燕是一位年轻的妈妈，儿子只有四个月大。由于在哺乳期间，她平时比较注意自己的饮食结构，好在保姆每天都会把饭菜送到公司，她尚能管住自己。

但是，最近保姆请假了。她不得不每天在外面点餐吃，这时便管不住自己，常常在营养餐与快餐之间左右摇摆。本来可以选择鸡汤的，但是她看到了汉堡包，便会自我安慰说："没事，我只是吃一顿，应该没问题的。"就这样，在保姆请假的十天里，她每天选择的饮食都是毫无营养的快餐。

拖延症在很多事情上都有一些特征，比如，拖延症患者在进行选择的时候，往往会选择当下可以满足自己的决定。大量科学研究表明，人们的选择会根据时间的变化而变化。假如有人问你一周后会干什么，工作还是休息，你往往会选择工作；但要问你现在想干什么，你就有可能会选择休息。

同样的道理，这就是为什么你买了很多东西不用，买了很多书不看，却把宝贵的时间用来看电视、玩游戏、玩手机。很多时候，"现在的选择"和"以后的选择"就像选择休息和工作，假如是"以后的选择"，脑海里沉睡已久的"勤奋"会要求你选择更有益处的选项；而眼前则是"懈怠"占据上风，你还是会选择休息。许多超市收银台旁的货架上会摆放一些糖果，就是利用了人们及时行乐的天性——毕竟偶尔安逸一下也没什么不可以的啊！

人们的这种行为倾向被称为"即时倾向"，即现时偏向型偏好。简而言之，就是现在可以得到的满足感更重要，现在安逸就好了，谁在乎未来会怎么样呢？而且现在想要的东西不一定以后还会想要，所以，不妨先满

足现在的需求。

现时偏向型偏好在人们脑海里根深蒂固，不可动摇，所以即便作了细致的计划，也往往毁于刹那的决定。从年初就说减肥，但到年底还没有任何行动，就连老公也忍不住吐槽：你这腰简直成水桶了。这时你才会痛下决心去作减肥计划，一定要练出A4腰、马甲线，于是买了电子体重秤，每天称体重，办了健身卡，作好了一切的准备。有一天，当你穿着运动装准备出去跑两圈，突然电话响了，朋友邀约去吃火锅，虽然你嘴上表示拒绝："不行啊，我最近在减肥，不能吃火锅。"身体却很实诚，开始换衣服，然后果断应约，不但吃了火锅，还喝了很多饮料，回到家躺床上开始内疚：说好的减肥呢？又忍不住安慰自己：没事，吃这一顿，也不会长多少，明天多运动一下就回来了。等到下一次，朋友再发出邀请，自己又不由自主地出门了。由于现时偏向型偏好一直存在，随着时间的推移，偶尔的放纵成为经常性的行为，不过你始终没有放弃原有的计划，只是把今天的计划推到明天，又从明天推到后天……明天成为计划路上的绊脚石，那一天好像永远不会到来，于是，当初定下的计划也宣告破产，只能看着镜子里越来越圆的自己唉声叹气。

1999年，有三位著名的专家进行了一项研究。当时，他们召集了一群人，让他们从24部备选电影中选出3部。那24部电影中，包含了《西雅图不眠夜》《窈窕奶爸》等符合大众口味的电影，也有《辛德勒的名单》《钢琴家》这样的经典电影。专家的目的在于看这些人是喜欢看娱乐但没什么深度的电影，还是选择看有深度有内涵的电影。于是，人们各自挑选出了自己比较感兴趣的3部电影，专家随即要求他们从中选出一部马上看，再选出一部在两天后看，最后一部电影留在四天后看。

这群人毫无差别地都选择了《辛德勒的名单》，因为这部电影确实是

很经典。但是，最终的结果是有44%的观众选择在第一天看这部有深度的电影。大部分的人在第一天还是选择了《生死时速》《变相怪杰》这样的娱乐电影。人们总喜欢把好电影放在后面。而在第二部和第三部电影的选择上，分别有63%和71%的人选择看更有深度的电影。

后来，三位专家又进行了另一项实验。参与者被要求选出3部一口气连续看完的电影。这一次，只有之前人数的1/14的人选择了《辛德勒的名单》。

人们在作选择时会不由自主地倾向于安逸的事情，这使得人们越来越容易陷入拖延症这个怪圈。工作总是快要下班时才开始做，报告直到最后一刻才慌慌张张地写完，袜子攒了一个星期才准备洗。尽管这些都是生活中很小的事情，人们觉得不应该小题大做，人们都认为，如果是非常重要的事情，自己一定会安排好时间、作好决定的。

但是，等到自己真的作了某项重要的决定，比如学茶艺：为了证明给大家看，次日就去购买茶具，然后每天去上课，回家还要自己研究。而且为了一定做好，列出详细的时间表，每天需要做的事情都写在上面，时刻不忘提醒自己每天的任务。不过，在购买茶具时，不妨看看有没有喜欢的衣服，然后再发个朋友圈，宣告自己的决定；看看朋友圈都更新了什么状态，反正这也花不了几分钟；在上课时，也是低头看手机，根本没认真听老师在讲什么；最后读书，才翻开一页，又想起好像一直追的偶像剧更新了，不如先看了再看书吧……

最终，强烈的决心，周密的计划，在拖延症面前简直不堪一击。这当然不是因为决心不够、计划不够好，而是在于你根本没找到合适的方式来让自己摆脱拖延症。不妨等到下次作决定时，坚持作“以后的选择”，在勤快与懈怠中，坚持选择勤快。

摆脱即时选择，最好的方法就是有效地行动，而并非盲目地忙碌。行动本身就是决定，只要作了决定，就马上去行动。有些人在面对问题时并不是不去做，而是忙忙碌碌地做，先满足当下心理，等做了很久才发现自己一直在瞎忙，结果必然是一事无成。

你知道拖延症的严重后果吗?

英国亨利八世统治时期的公告牌有一句警示世人的话："快！快！快！为了你的生命快速前进！"文字旁边还有一张图，上面画着一个送信的人被吊死在绞刑架上。在那个古老的年代，根本没有快递、邮政业务，信件通常由政府派信差送往，如果信件没有及时送达，信差便会受到绞刑的处罚。

或许在现代看来，即便路途遥远，也只需要几个小时就能把信送到。不过，在那个古老的年代，没有汽车，只有马车，估计得一个月才能走完整个路程。但即便在这样艰苦的条件下，稍有延误，也是犯罪，将受到失去性命的惩罚。所以，拖延带来的后果，从古至今都是非常严重的。

人有各种各样的优缺点，其中便包含一种惰性，这种惰性经常导致计划落空。人在计划落空时又很容易形成新的计划，而新计划其实就是旧计划的翻版。结果就是，一项计划翻来覆去，却总没有结果。这是十分悲哀的事情。想要成就一番事业，必须雷厉风行，要有一种魄力，说干就干，

一点也不拖延。这是成就事业的一种品格。

拖延是一种坏习惯，它会让人在不知不觉中丧失进取心，阻碍计划的实施。一个人如果进入拖延状态，就会像一台受到病毒攻击的电脑，效率极低。拖延最常见的表现就是寻找借口。虽然目标已经确立了，却磨磨蹭蹭，像个生病的羔羊，没有一点精神。不论什么时候，他总能找到拖延的理由，计划当然也就一拖再拖，成功总是遥遥无期。

1989年3月24日，在阿拉斯加，埃克森公司的一艘巨型油轮不幸触礁，造成了大量原油泄漏，对当地的生态环境造成了严重的破坏。面对这一状况，埃克森公司公司竟一直没有作出大家期待的反应，引起了国际社会的反感，导致了一场“反埃克森运动”，就连当时的美国总统布什也被惊动了。最后，埃克森公司形象严重受损，且损失高达几亿美元。

那么，对于一个人来说，拖延又会带来怎样灾难性的后果呢？对一个渴望成功的人来说，拖延将成为制约他取得成功的桎梏。在公司没有一个老板喜欢有拖延习惯的员工，在家里没有一个妻子喜欢有拖延习惯的丈夫。

拖延甚至会带来致命的后果。恺撒大帝因为没有及时打开别人向自己示警的纸条，从而导致他在到达元老院时没能躲过被人刺杀的命运。朗费罗说：“我们命定的目标和道路，不是享乐，也不是受苦，而是行动。”胸有壮志宏图，若不能付诸实施，结果只能是纸上谈兵，毫无实际意义。

事实上，拖延症带来的危害是严重的。

1.不相信自己

当自己不能按时完成某项工作的时候，长期如此，你会觉得自己有身体方面的疾病，同时也会给内心造成影响，变得不自信，怀疑自己的人生。

2.精神状态不好

每天经常精神状态比较差，其实身体没病，很多时候你干不动活是因为你不去做。出现上面的情况，你的身体95%的可能是健康的，一点病都没有，除了做事拖延外。

3.心理扭曲

如果你身边的家人朋友说你太懒了，别不爱听，这是真的，这是一种心理上厌倦的情绪，不管是生气、嫉妒还是嫌恶等都可能引起拖延症的发作。

4.无法实现自己的想法

你的拖延，会让自己的事情无法按照自己的意愿去完成，活动总是被拖延，好事总是不能圆满。

5.变得自我

你不会对所有的事情都拖延，而只是对自己不喜欢的事情拖延。不要认为自己只去做自己喜欢的事情是对的，实际上，一个有担当有责任的人，需要去做自己应该做的事情，只有做好了必要的事情，才能去做自己喜欢的事情。

6.出现焦虑

因为自己工作和学习的不突出，拖延成了恐慌，于是开始否定自己、贬低自己，从而产生焦虑，甚至会产生厌世情绪。

生活中做什么事情都拖拖拉拉的人，注定只是一个平庸的人。今日事，今日毕。很多时候，拖延时间并不能真的解决问题，即时行动反而会带给

自己一种充实感。你应该作出反思：曾因拖延而浪费了多少时间，失去多少机会，错过多少精彩的生活？

测试：你的拖延症是否严重？

在生活中，每个人或多或少都有拖延的倾向。区别在于，有的拖延情况相对而言轻微一些，有的拖延症状则非常严重。那么，你是属于轻微拖延呢，还是重度患者？不妨先测试一下自己的拖延程度吧。

1.面对领导交代的任务，总是拖到最后一刻才完成。

2.很想自律，总是给自己设置一个开始时间，幻想从那以后就能戒掉拖延，但总是坚持不了几天。

3.朋友中有比自己还拖延的人，在心里曾暗自庆幸，原来自己还不算太严重。

4.朋友中已经没有比自己更拖延的人了，自己都快受不了了。

5.有时对自己很无奈、很抓狂，却又不知为什么自己会变得这般拖沓。

6.连出门约会都会迟到，还曾为此错过很好的人或朋友、客户。

7.每次拖到最后不得不完成任务的时候，发现其实事情没有那么难，花的时间也并不多，不明白为什么自己之前就是拖着不做。

8.常幻想着自己能通宵熬夜完成任务，越到最后关头这种幻想越强烈。

9.觉得拖延已经严重影响了自己的人生，阻碍了自己获得本来应该得到的成功。

10.幻想着有朝一日，能够有一剂万能灵药，让自己一下子摆脱拖延。

在上面这10个问题中，假如你中招8—10条，那么你已经成为拖延症重

度患者；假如你中招4—7条，那么你是拖延症中度患者；假如你只是中招1~3条，那么你只是轻微的拖延症；假如上述问题，你一条都没有中招，那么恭喜你，你是一个从不拖延、自律性极强的人，或者说你已经完全摆脱了拖延症。

有个有趣的计算，0.99 的 365 次方等于 0.0255，而 1.01 的 365 次方等于 37.78。每天少做一些事情跟每天多做一点事，还是存在明显的区别的。在大多数时候，我们总是拖拉着不去做自己应该做的事情，拖延，再拖延，然后就直接不做了。这是非常不利于自己身心健康的行为，同时也会给自己的人际、生活、工作带来诸多困扰。

拖延症结，你为什么喜欢磨蹭

拖延总是表现在生活中的各种小事上，然而，日渐严重的拖延症，会严重地影响一个人的生活和工作。明明知道该做什么却总下不了决心，拖延让机遇稍纵即逝，也让你与成功擦肩而过。在摆脱拖延症之前，应该搞清楚拖延症症结。

低自我效能感和自尊

从心理学角度来看，一些人对自身做事能力不自信是导致拖延行为的一个重要原因，那些曾经遭遇过重大挫败，对自己不够自信的人，很容易产生逃避心理，不断地推迟完成任务。

低自我效能感和自尊成为导致拖延的因素之一。其实，在这个世界上，每个人都是独一无二的，即便在人们看来对这个社会没什么贡献的内向者，也有可能就是那一颗等待发现的金子。然而，在现实生活中，我们总是处处与他人比较，觉得自己不如别人优秀，似乎自己这辈子真的一事无成了。

事实上，对于每一个人来说，命运都是公平的，每个人都有自己的价值，这是容不得怀疑的，我们所需要做的就是欣赏自己，认清自己的价值。比较，它所带给我们的只是失落、沮丧、烦恼、生气，更为关键的是，比较之后，我们会变得不自信，开始怀疑自己的能力，甚至会变得自暴自弃。所以，不要处处比较，给自己平添烦恼，其实，我们就是那独一无二的“宝藏”。

小李在公司工作已经三年了，直到现在还在原地踏步，仍然只是一个小职员。虽然他本人对此也感到十分苦恼，但是毫无办法。小李的主管看见他这个样子，真有种“朽木不可雕也”的感叹。

这次，公司业务部新拉了两个客户过来，主管想给小李一个升职的机会，于是把小李喊到办公室："这次你去吧，客户都是比较好说话的，只要你能随机应变，就一定能完成工作任务。"小李显得有点犹豫："我……我……我怕我不行。"主管有点生气了，但还是规劝道："你看跟你一起进公司的人，发展最好的已经晋升到总经理的位置了，你还依旧这样，你也得为自己的工作尽份力量，为公司尽点责任。"看着恨铁不成钢的主管，小李硬下头皮接了下来。

等到第二天，该出发时，小李来到主管办公室，支支吾吾地说："主管，看来我真的不行，我怕到时候怕这个客户得罪了，把业务丢了就不好办了，你还是另派一个人去吧。"主管气得说不出话来，只是一个劲儿地叹气。

公司同事知道了这件事情，都不禁对小李的情况议论纷纷："小李真是，面对大好的机会畏畏缩缩，永远干不成大事。""是啊，真是，公司新来的员工办事都比他强。""唉，就别说他了，他那人就那样，都三十好几了，连女朋友都没有谈呢！""啊？……"

在日常生活中，像小李这样的人大有人在，由于胆怯、不善言辞，结果给自己的工作和生活带来了很大的影响。他们总是担心失败了会怎样，所以经常表现出犹豫不决的神态。由于顾虑的东西实在大多，因此行动起来瞻前顾后，畏首畏尾，最后往往会以失败告终。而一旦工作失败了，他们就会不断地找一些客观的理由和借口为自己开脱。

1.不要陷入比较的旋涡中

决断者与拖延者的差别在于，决断者从来不与他人比较，他们相信自己永远是独一无二的；而拖延者总是沉迷于比较游戏中，他们在比较中丢失自我，满腹怨气，最后，他们成了平庸的人。

2.挖掘自己内在的潜能

我们都梦想着成为最优秀的那一个，事实上，我们真的可以成为那样的人。没有谁能够保证你不能成功，既然没有办法否定这一事实，为什么不试一试呢？相反，如果你在生活中总是习惯与别人比较，不敢相信自己，逐渐忽略自己、迷失自己，那么未来的你将会一事无成，而且，很可能你的余生都将在烦恼和抱怨中度过。

上帝告诉我们：每一个人都是一座宝藏。大量数据显示，每个人都有着无限的潜力和能力，只是尚未被发掘出来。所以，不要贬低自己，而应想办法通过不懈的努力来挖掘自己的内在潜能，其实你就是独一无二的那一位。

自我设阻，害怕会失败

拖延者在做一件事情的时候，常常会因为某些外界刺激因素推迟开始做事的时间。他们自我设阻，害怕会遭遇失败，在做事情的过程中，也容易因为困难而中断，转而去做其他事情，并且不断地推迟继续的行动。

当我们总是眼高手低的时候，最后的结果将是一无所获。蘑菇生长在阴暗角落，由于得不到阳光又没有肥料，常常面临着自生自灭的局面，只有当它们长到足够高、足够壮的时候，才被人们所关注，事实上，这时它们已经能够独自接受阳光雨露了。这就是心理学上著名的蘑菇定律。蘑菇

定律最初是由一批年轻的电脑程序员总结出来的，通过蘑菇的生长历程，他们联想到了人所必须经历的历程。

我们刚开始进入社会的时候，像蘑菇一样不受重视，只能替人打杂跑腿，接受无端的批评、指责，得不到提携，处于自生自灭的过程中。蘑菇生长必须经历这样的一个过程，而同样的道理，我们每一个人的成长也需要这样一个过程。

卡莉·费奥瑞娜从斯坦福大学法学院毕业以后，她所做的首份工作是一家地产公司的电话接线员。费奥瑞娜每天的工作就是打字、复印、收发文件、整理文件等杂活，父母与亲戚对费奥瑞娜的工作感到不满意，认为一个斯坦福大学的毕业生不应该做这些杂活。但是，费奥瑞娜没有任何怨言，她继续一边努力工作，一边学习。有一天，公司的经纪人向费奥瑞娜问道："你能否帮忙写点文稿？"卡莉·费奥瑞娜点了点头，凭着这次撰写文稿的机会，她展露了自己卓越的才华。在以后的日子里，卡莉·费奥瑞娜不断向前发展，后来成了惠普公司的CEO。

卡莉·费奥瑞娜的成功案例成为哈佛商学院学子的案头必备研究。我们任何一个人在成长的过程中，都将注定经历不同的苦难、荆棘，那些被困难、挫折击倒的人，他们必须忍受生活的平庸；而那些战胜苦难、挫折的人，他们能够突出重围，赢得成功。

亚伯拉罕·林肯在一次竞选参议员失败后这样说道："此路艰辛而泥泞，我一只脚滑了一下，另一只脚也因而站不稳；但我缓口气，告诉自己'这不过是滑一跤，并不是死去而爬不起来'。"哈佛告诉我们："一个人克服一点儿困难也许并不困难，难的是能够持之以恒地做下去，直到最后的成功，在人生的逆境中坚定地走下去。"

没有人能够预知事情的结果，但是每个人都能够通过自己的决心来改

变事情的未来，只要坚持下去，你也可以摘得胜利的果实。聪明的人总是对自己所接手的工作信心满满，并且有把它做成功的决心，他们在做事情的过程中，就在幻想着成功时的喜悦，所以他们往往能够凭借自己的决心做好一切事情。

1.利用环境成长

当我们不幸被看成“蘑菇”的时候，一味地强调自己是“灵芝”并没有任何作用，对于我们而言，利用环境尽快成长才是最重要的。当自己真的从“蘑菇堆”里脱颖而出的时候，我们的价值就会被人们所认可。

2.难忘的经历促使你成功

虽然蘑菇般的成长经历给我们带来了压力和痛苦，但是，这些难忘的经历有可能让我们赢得成功。哈佛大学的荣誉博士J·K·罗琳就是最典型的例子，她是一位中年女性，在事业最黯淡的时候，她开始提笔写作，结果，她写出了享誉世界的《哈里·波特》。

3.意志胜利法

在人生中总是有着种种的不如意，但是，意志坚强的人能够将逆境变为顺境，在挫折中寻找转机，他们在逆境中坚定地走下去，最后获得了成功。相反，有的人缺少生活的历练，一旦遭遇挫折或身陷逆境，便就此沉沦。对于他们而言，一次输给了自己，就意味着永远输给了自己。

小贴士

每个人都渴望生活如鱼得水，都希望事业获得成功，但是，上帝不会把这些白白赠予你，只有不畏惧蘑菇的经历，成功才会属于你。蘑菇的经历是成功必须经历的一步，只有那些能够忍受一切的人才能得到阳光普照

的机会。

心理拖延，总是迟迟不作决定

不管是生活还是事业，如果我们想要赢得成功，就必须拥有决断力并将之付诸实际行动。事实上，一个人是否成功，很大程度上取决于他的决心和行动。有的人只是嘴上说说，行动上却没办法积极起来，这些人因缺少决定的勇气，总是被懦弱的性格所控制，这就是为什么生活中存在如此多逐渐失去自我和已经失去自我的人，也是为什么人们不懂得拒绝。这样的人就是一个老好人，完全不懂得怎样坚持自己的立场，他的工作是父母安排的，每天生活在一个不属于自己的世界里，甚至在父母的安排下与一个不爱的人结婚。曾经，他也有机会选择自己的事业，可是他无法拒绝父母。

王太太这半个月来，一直在考虑是否要买一件新的衣服。她不断地给老公、闺密打电话寻求合适的建议，结果就这样优柔寡断、犹犹豫豫地变换了好几十次主意。终于，她来到购物广场，试穿了十多条新裙子，不是穿上显得非常滑稽，就是尺码非常小。王太太非常焦虑，她继续在商场里闲逛。没过多久，她又试穿了一件比较淑女的裙子，还有一件看上去比较活泼的裙子，但是直到最后她也没能决定买哪一款好。

就这样，王太太筋疲力尽地回了家，打电话问闺密的意见。闺密说尺码小点的裙子更适合她，接着她又和老公商量，老公认为一件漂亮的裙子最好搭配一套精美的首饰。王太太听从了别人的建议，但是这一切都是她所喜欢的吗？尺码小的裙子确实显得苗条，不过好像只符合闺密的品位。

过了一段时间，王太太把裙子退了回去，她又穿上了去年的那套裙子。王太太不但购物如此，就连平时生活中的其他小事，她也一样犹豫不决。准备稍微丰富的晚餐，她就会在牛肉与羊肉之间拿不准主意。每次出门，都会犯强迫症，要回来好几次看家门锁好没有。

很多人都与王太太有着差不多的性格。每天早上坐在办公桌前的时候，有时会为先做哪一件事而犹豫不决，今天是先见客户呢，还是先把会议需要的方案做好？当他觉得今天气温很高，不适合外出拜访客户的时候，却又想到会议是下周一才开始，还有好几天的时间，而客户那边已经打电话在催了，不如还是去拜访客户吧。不过，即便出了办公室，也忍不住感到一丝疲惫，心想，明天再去也不迟呢！于是，又返回办公室去做方案，最后，几经周折，一件事情都没有做完，却已经马上到吃饭的时间了。

一位经常优柔寡断、犹豫不决的女人总是无法确定自己是否关了煤气，或是断了电熨斗及烤箱的电，只要这种担心一出现，她就会强迫自己回家去看一下。

有一次，这位女士前往云南度假，在半路上她开始下意识地担心家里，然后想到煤气。她十分不安，不断臆想家里的情形。当车子行驶到丽江时，她已经想象到家里的房子燃起了熊熊烈火，家里浓烟滚滚，周围的人们只能从窗户跳出四处逃窜。这位女士认为是自己的粗心造成了这一切，于是她返身赶回远离云南的家里。

迪亚·吉普森博士是人寿保险公司的精神病学专家，她说："一般来说，人们犹豫的根源在于焦虑。在财富方面产生忧虑，是因为我们还没有明确定位自己。在复杂的问题上产生忧虑，是因为我们还不知道该如何入手解决。我们害怕自己患上什么病，却不去看医生。一个人如果一直这样

反复无常、犹豫不决，其挫败感就会积累到极限，最终精神崩溃。”优柔寡断、犹豫不决的情绪，会对人造成精神上的折磨，使人无法正常思考。

1.优先考虑重点问题

当然，犹豫并不绝对是智力上的问题，所以对于大多数尝试改变自己犹豫性格的人而言，都不必担心这一点。犹豫不决的人的问题在于：顾虑太多，习惯将微不足道的因素当成重要事情来考虑。面对这样的情形，应该优先考虑重点问题。

2.抓住机会

当机会来临的时候，需要说“是”，而不是“不”。这样就可以把握潜在的机会，主动出击。在生活中，不要为了晚饭是吃羊肉还是牛肉而苦恼，为了这样的问题而犹豫不决，本来就是一种无聊的表现。吃完饭后不要为是否运动而优柔寡断，而应马上决定下来，然后行动。

3.没有“随便”

在吃饭时，当服务员问你吃清汤还是麻辣锅时，你不应该说“随便”这种很不负责任的话。这样的话会让服务员小姐感到为难，你应该马上作出选择。看电影的时候，不要选来选去还是决定不了看哪部，要闭上眼睛马上决定。即便看的电影比较差，也总比你浪费十多分钟犹豫不决强。

4.尽早作决定

当我们选择购买什么东西的时候，权衡一下，然后尽早作决定。小失误永远比拖泥带水好，在大多数情况下，犹豫不决没有任何好处，尽早作决定的人总比优柔寡断的人更易抓住先机。在公司里，那些很早且很快决定好自己休假的员工，都获得了最佳的休假时间，而那些犹豫不决的人永远只能排队等候。

5.赶紧去做

在平时的生活中，我们可以利用一些琐事培养自己快速作决定的习惯，作完决定，马上行动，不要像以前那样没完没了地思考。很想出去旅游吗？那就马上放下手中的其他事情，赶紧去。只要一件事情你积极面对了，那么当第二件事情出现时，你就会下意识地选择积极的处理方法来解决。

6.反复练习

把培养决断力当作一种游戏，反复练习，假如你一直坚持，就会发现收获颇丰，然后继续自信满满地这样做下去。最后，你会摆脱拖沓、犹豫不决的缺点，获得积极生活的态度。通常，生活中的美好事物只属于那些果断决定并积极行动的人，当然也包括那些尽全力争取自己和追随者所需要的人。

在大多数时候，一个人的犹豫不决往往体现在简单的事情上，越是明智的人，作决定时往往越容易有很多疑虑。而缺乏智慧的人，大多数不会想到众多的制约因素，也不会考虑什么后果。

积极拖延，适时的压力更有效

生活中，不能按时完成任务属于消极的拖延。其实，拖延也可以分为两种状态：消极拖延和积极拖延。对于积极拖延者而言，他们喜欢在压力

下工作，这样他们能够作出更好的决定，并及时地实行。

曾在一本书上看到这样一段话："人一生中都会面临两种选择，一是改变环境去适应自己，二是改变自己去适应环境。既然压力是已经存在的，根本无法彻底消除的，那我们何不积极地改变自己，正确引导各种压力成为自己前进的动力呢？"

在现代社会，几乎每一个人都有压力，其实，适当的压力对我们自身是十分有用的。一个人的潜力究竟有多大呢？我想大多数人都不清楚，对此，科学家指出：人的能力有90%以上处于休眠状态，没有被开发出来。是的，如果一个人没有动力，不经磨炼，没有正确的选择，那么，积聚在他身上的潜能就不能被激发出来，而压力会给他这样的动力。所以，适当的压力不仅能激发出一个人无限的潜能，而且能够带给我们许多快乐。

在日常生活中，来自各方面的压力使我们感到很累，好像生活被一个巨大、无形的网笼罩着，这令我们做任何一件事情都感到力不从心。于是，在强大的心理压力下，我们常常会幻想享受那种无忧无虑、不知忧愁是什么的生活。事实上，没有压力的生活是不可能快乐的，积极的拖延者只会感到烦闷、无聊，这样的生活状态久了，他会感觉自己在堕落，从而丧失了对生命的追求。

另外，生活在现代化的社会，我们无论如何都避不开压力：学生时代，我们所承受的是各种考试的压力；工作时期，有着上司的要求，家人的期许，自己内心的苛求等，这些压力都是无法避免的。既然无法避免那些潜在的压力，何不把其当作生活的调剂品呢？

她是一位典型的家庭主妇，老公做汽车运输生意，生意十分红火，她的事业就是"相夫教子"。每天，她除了煮饭洗衣服，就是逛街打扫卫生，甚至连两个孩子的学习都不用操心，因为请了家庭教师。生活如此惬

意的她也常常受到许多人的羡慕："你真有福气啊！老公有本事，孩子聪明伶俐，你年纪轻轻就过上了富太太的生活。哎，真羡慕你，哪像我，还要焦虑这样，担心那样，像你没有压力真好。"刚开始，她也会推辞几句："哪里，哪里。"时间长了，她也会疑惑：难道自己真的如他们想象般快乐吗？以前孩子还小的时候，还可以陪在她身边，现在老公长时间在外面谈生意，孩子也上学了，家里就剩下自己一个人，尽管没有金钱的压力，没有生存的压力，但是，她总是感得自己很无聊，心里烦闷，几乎已经远离了久违的快乐，这是为什么呢？

在现代社会，大多数人都会羡慕没有经济压力的家庭主妇、坐在办公室看报纸的公务员，总觉得他们的生活是那么悠闲、自在，远离了压力的困扰。事实上，他们的生活真有那么快乐吗？一位公务员的朋友这样说："每天九点我才去上班，十点左右就可以离开了，下午有时候根本不上班，可是，一天剩下了这么多时间，我也不知道怎么打发，心绪变得混乱不堪，时常感到无聊、烦躁，有时候，我甚至感觉自己在浪费生命。"

其实，烦闷的根源来自"无所事事"，这与大多数家庭主妇的生活差不多，虽然远离了社会的压力，但是，无聊似乎比压力更令人苦恼。对此，心理学家对那些整日闲在家里的太太有一个建议：尽可能找一份自己喜欢的工作，不管收入有多少，至少能够体现自己的价值，给生活带来适当的压力。

一位留学英国的朋友回国，向同学们讲述了自己在国外的生活："刚开始，我在国外的时候，由于自己英文很烂，害怕出糗，整天把自己关在屋里，看书、上网、看电影，这样的生活状态整整持续了一个月，差点让我崩溃了，我开始想：自己是否应该干点什么？"后来，她去了国家应用科学院求学，刚开始的时候，老师讲课她连一半都听不懂，而且，老师讲

课也没有教材，只能靠自己做笔记，压力非常大。当时，她想，自己只要及格就行了，没有必要追求名列前茅。于是，每天，她都会借同学的笔记来抄，然后，就跟自己的男朋友一起出去约会。

临近考试的时候，她才开始“抱佛脚”，背诵笔记，每天只睡三个小时，第一次考试，她及格了。虽然自己的分数并不是很高，但是，令自己高兴的是，老师给全班同学发了一封邮件，在信里，老师这样说：“这次考试，我以为出的题目比较难，但是，令我没有想到的是，班里的三个留学生考得还不错，希望你们继续努力。”老师的话令她受到了鼓舞，她开始认真听课，成绩也越来越靠前了，到了第二年，她的成绩就排在了全班第一。这样的成绩不仅令同学感到惊叹，连她自己都觉得不可思议。最后，她这样说道：“在国外求学的经历堪称跌宕起伏，但是，我并不觉得有什么不好，这些所谓的挫折与困难，让我学会了承受，让我赢得了最后的胜利。我们的生活需要适当的压力，压力教会了我们什么是坚持，最重要的是，让我远离了那种无聊、烦闷的生活，而重新拾起了久违的快乐。”

有时候，适当的压力并不算什么，当你坚持下去，你就会发现已经没有多少压力了，所有的压力都会在行动中找到发泄的途径。只要我们能够坚定地走下去，全力以赴，我们将赢得自信，我们将知道自己能够做得更好，并以此消除各种压力，获得动力，从而走向成功。当然，只有适度的压力才是最有效的，如果压力过大或根本没有压力，那么我们很难快乐起来，也不能赢得最后的胜利。

小贴士

也许，有人会问，什么是适当的压力？适当的压力，就是指时间不长、

刺激不大、能让人最终有成就感的压力。所以，我们应随时让自己拥有适当的压力，舒缓过大的压力，从而远离无聊、烦躁的心境，重新追逐快乐的生活。

拖延和自律，意识和潜意识

拖延和自律，其实就是意识和潜意识的区别。生活中，许多人总是想得太多，做得太少。为了既定目标，我们需要在一个时间段内把最大的精力投入到合适的地方去，而这个过程要求保持高度自律，同时对其他的选择说“不”。大部分人一提到自律，总是有一种厌恶，认为这意味着没有自由。其实，自律是自由的。

富兰克林博学多才，他是科学家、作家、外交家、发明家、画家、哲学家；他自修法文、西班牙文、意大利文、拉丁文，并引导美国走上独立之路。富兰克林年轻时，为了完善自身的品德，他提出了13种应该遵守的德行，它们是：

（1）节制。食不过饱，饮酒不醉。

（2）寡言。言必于人于己有益，不作无益闲聊。

（3）生活有秩序。各样东西放在一定地方，各项日常事务应有一定的处理时间。

（4）决心。事情当做必做，既做则坚持到底。

（5）俭朴。用钱适当，不得浪费。不干“用损害良心的办法赚钱、用损害健康的方法花钱”的事。

（6）勤勉。不浪费时间，每时每刻做有用之事，戒除一切不必要的

行动。

（7）诚恳。不欺骗人，思想要纯洁公正，说话也应诚实。

（8）正直。不做不利他人之事，切勿在履行对人有益的义务时伤害他人。

（9）适度。避免极端与不及。

（10）清洁。身体、衣服和住所应力求清洁，让自己与环境同步美化起来。

（11）镇静。勿因任何事情而惊慌失措。

（12）贞节。学会控制自己。

（13）谦虚。越伟大越谦虚。

为此，富兰克林制作了一本小册子，每一页写上一种美德的名称。每一页上用红墨水笔画出7直行，一星期中每一天占一行，每一行上端注明代表星期几的一个字母。再用红线将直行划分成13个横格，在每一个横格的左边注明代表每一种美德的第一个字母。若是某天他察觉到自己在哪一方面有过失，便在那一天该项德行的横格内打上一个小黑点。

富兰克林决定每一个星期对某一种德行给予特别密切的注意，预防有关方面的极其微小的过失。这样，“在几个循环之后，在13个星期的逐日检查后，我便愉快地看到一本干净的册子了”。

在知乎上流传着这样一句话：以大多数人的努力程度，根本轮不到去拼智商。事实上，自律才是成功的敲门砖。所有成功的人都非常聪明吗？当然不是，智商极高和极低的人均是少数，智力中等或接近中等，约占全部人口的80%。而成功人士身上有一种共同的优秀品质，即超强的自律能力。

1.正确认识自己

想要养成自律的习惯，需要正确认识自己，需要确定什么行为能最好

地反映你的目标和价值，这个过程就需要自省和自我分析，然后作出一个准确的自我认识。

2.自我意识的觉醒

如果你每天浑浑噩噩，甚至不知道该干什么，又如何能养成自律的习惯呢？想要培养出高度自律，需要花费相当一段时间，关键在于我们要意识到自己哪些不自律的行为。

3.内心暗示

当自律遭受挑战的时候，需要给自己一些内心暗示，鼓励自己并让自己放心。提醒自己：自律的代价总是要比后悔的代价低的。牢记这句话，每当不自律的时候就提醒自己，这会改变你的生活。

自律并不是一种精神上的枷锁和镣铐，而是一种寻求内心平衡的最佳方式。或许你觉得自律的生活非常无趣，其实并非如此，自律的人更容易沉下心来看这个世界，然后进行冷静的思考。他们对世界、生命、自我有更丰富的理解。

第3章

隔离环境，远离一切干扰的因素

拖延症会受到某些环境因素的影响，一个人的拖延行为与完成任务所受的时间压力和来自外界的娱乐方面的诱惑有关。人们往往难以抵制外界的干扰，特别是一些诱惑，因而导致了拖延行为。

别让分外事干扰自己

在职场中，我们有时候身不由己，经常会遇到同事请自己帮忙做一些事情的情况。假如我们从来都比较热情，或者不好意思拒绝同事，那时间久了，同事所提的请求将越来越不合理，而我们自己则可能会陷入越帮越忙的难堪境界。通常情况下，对同事的不合理请求来者不拒，即便是牺牲自己的工作也在所不惜的人，都是内心比较脆弱的老好人，他们在拒绝别人方面存在着心理障碍，总是不好意思拒绝，担心伤害别人的面子，只能自己硬着头皮上。

露露曾经在一家文化传媒公司做文员，平时自己的工作就比较繁杂，还要经常帮同事做事。每当同事提出需要帮忙时，露露总是来者不拒，即便耽误自己手头的工作，她也会先帮别人的事情做好。尽管她自己累点，但总算赢得了同事的喜爱。

后来，行政部准备提拔一位经理，在公司工作多年的露露觉得自己应该很有机会，毕竟过去自己长时间为同事服务，在公司真的是“鞠躬尽瘁，死而后已”，如果自己不能如愿提拔，那真是对自己不公平。没想到，最后是一位平时只做自己工作且从来不愿意帮别人的同事晋升了。露露百思不得其解，她跑去问人事部主任，主任当即说：“管理层在讨论晋升人选的时候，确实考虑过你，不过，大家都说虽然你很喜欢帮同事，

但自己的分内工作并不十分出彩，没有让大家看到你在工作技能和管理能力上的提升，同时也担心你这种不懂得拒绝别人的请求，喜欢做老好人的性格，可能会让你在管理岗位上疲于应付，不能坚持自己的原则，所以……”

这件事之后，露露得到了很大的教训，她终于明白了：职场如战场，是需要拿出自己的真本事，拿出自己的工作业绩的。只有努力开拓出属于自己的一片职业新天地，用心耕耘，创新精神，才能得到领导的认可。如果自己仅仅是一个老好人，是完全没办法体现自己价值的。

许多职场中人都有跟露露一样的经历，越帮越忙不说，还越帮越不开心。同事的事情倒是解决了，却耽误了自己的工作。甚至，有时候给同事做了半天的事情，末了还讨不了好，连句“谢谢”都听不到，好像自己做事情是理所应当的，要帮就必须帮好，否则自己就不够义气。所谓的老好人，自己内心的苦闷又该向谁诉说呢？

快下班时小王接到了同事小张的电话，他很着急地请求小王再帮他一下，写个新方案给客户，他说客户已经催他好几次了，而他确实没时间，因为小张最近谈恋爱的关系，小王常常帮小张写方案。

最近步入爱河的小张是小王在公司里关系比较好的同事之一，以前他们经常会在下班后一起打球、吃饭。本来，小王挺欣赏小张的洒脱和率真，所以在一个月前当小张一脸兴奋地说自己谈恋爱的时候，小王几乎是毫不犹豫地答应帮他做方案，以便让小张有更多的时间去谈恋爱。

但是一个月下来，小王发现自己越来越不快乐，他发现自己已经讨厌总是替小张做事。但是，应该怎么拒绝呢？小王觉得拒绝的话很难说出口，好朋友是应该互相帮助的，如果自己开口拒绝，会不会失去这个朋友呢？

在案例中，当小王愿意帮助小张的时候，他可以去帮助他，假如小王内心不愿意再帮助小张，他就可以用这样一个简单的方法来拒绝他：先了解清楚情况，理解对方，再告诉他自己的想法。表达友好和善意是我们拒绝他人时最重要的原则，它可以帮助我们建立更适宜与和谐的人际关系。在这样的前提下，我们可以使用一些方法，如找一些小借口，以此表达拒绝。

办公室里的同事，需要相互帮忙的时候比较多，当然，在我们力所能及的情况下，帮助同事是很有必要的，毕竟这样做可以给我们带来很多的好处，比如建立和谐的人际关系以及高效地工作。不过，在职场工作中，有的同事会提出一些不合理的要求，这时我们应该怎么办呢？我们经常担心或者不愿意拒绝别人的要求，因为我们担心失去与他们良好的关系，所以在面对同事的不合理要求时，我们会感到十分为难。

其实，当我们没有学会灵活地拒绝别人的时候，尽管表面上我们是答应了对方的要求，但实际上，我们内心深处会积压许多怨气，这会让我们感到痛苦，并且终有一天会影响我们与其他人的交往。所以，拒绝同事，学会积极的沟通技巧，学会合理地表达自己的感觉，对我们是非常重要的。

1.作好心理建设

每个人都应该知道自己拥有拒绝别人的权利。拒绝时，找一个可以轻松说话的地方，并且考虑说话的时机。之后考虑清楚要拒绝对方要求中的哪个部分，并且预先准备好可以明确传达出“这个事情我没法帮你，但假如改成……我就可以帮上忙”的讯息。

2.在“行”与“不行”之间找出路

遇上同事请求协助的时候，自觉只能接受或拒绝，没有转圜余地，也

是导致人们无法拒绝的原因之一。其实，只要把拒绝别人的请托当成是在跟对方交涉，就比较能够打破心理障碍，没有那么难开口。

假设完全接受对方的请求是100%，彻底拒绝是0，那么不妨试着向对方提出90%、70%或50%的方案。你可以对请托的“内容”“期限”和“数量”作评估，比如说，90%接受是“期限延长3天的话就办得到”；70%接受是“无法担任项目经理，但是参与项目没问题”。

3.拒绝前先感谢

拒绝的说法也有一套固定模式可循：先以感谢的口吻，感谢对方提出邀请；然后以缓冲句“不好意思”“遗憾”接续，让对方有被拒绝的心理准备；接下来说出理由，并加上明确的拒绝：“因为那天已经有约了，所以没办法出席。”

4.拒绝后表达歉意

如果婉拒的是比较无关紧要的邀约（如应酬），只要说今天不方便就好；但如果拒绝的是额外的工作，就必须说出今晚无法加班的具体理由。最后不忘加上道歉，以及希望保持关系的结尾：“真的很抱歉，若是下次还有机会，我会很乐意参加。”

5.电话拒绝要格外温和

电话沟通时，听者看不到说话者的表情和动作，有时就算你说法客气，对方还是会觉得你的态度强硬，所以讲电话的时候要增加缓冲句，尽可能体贴对方的心情。E-mail则是连声音的抑扬顿挫都没有，容易给人公事公办的感觉，所以要增加感性的词汇。

6.正面朝向对方，放松眉头

通常，我们说话的姿势、表情、音调也会给人不同的感觉。拒绝时要尽量正面朝向对方，侧身容易给人警戒心强的感觉。蹙眉也会给人负面的

印象，尽量有意识地舒缓眉头，以接近微笑的温和表情讲话最适当。

许多人觉得自己无原则地帮助别人可以体现自己的价值。但是，他们往往忽视了，自己的时间和精力都是有限的，在职场中，只有尽全力将自己的分内工作做好，才能够真正体现自我价值。

延迟痛苦，做感兴趣的事

每个人都有自己的兴趣，做自己喜欢做的事情，是每一个人的梦想；同样，按照自己的兴趣爱好去做，最终也会得到一个很好的结果。其实，每个人都是一块金子，每个人都是一块尚待挖掘的宝藏，就看你是否具有一双慧眼，就看你是否勤奋，能够发现、挖掘出自己的价值，让自己的人生耀眼夺目、与众不同。

上天赋予每个人不同的个性，上天也给了每个人不同的兴趣爱好，可是有些人偏偏忽略了这一点，盲目地跟风、无目的地效仿，看到别人成为钢琴家，自己也盲目地学钢琴，看到别人在画画上有所造诣，自己也去跟风，结果却什么都是半途而废，最终都以失败而告终。

《罗米欧与朱丽叶》的剧情让无数人动容，他们那缠绵悱恻的爱情故事让无数读者如痴如醉、潸然泪下。至今回首这部名作，我们还会为莎士比亚的文字叫好、称赞。莎士比亚是英国伟大的戏剧家和诗人，他用自己毕生的精力为人类留下了37部戏剧，其中至少有15部被公认为世界文学史

上的瑰宝。

翻开莎士比亚的人生史册，我们会发现，在他的人生中也出现过抉择，他也是在不断地挖掘自己的兴趣与价值中成长的。莎士比亚出生在英格兰中部美丽的埃文河畔，7岁时开始自己的读书生涯。在校期间，他并不喜欢古板的祈祷文，而偏爱一些古罗马作家用拉丁文写的历史故事，尤其到了每年的五月节，更是他一生中最快乐的日子，因为每每这时都会有戏班子的演出，他每场演出必到，戏剧班子走到哪里，他就跟到哪里，如痴如醉地观看着每一场精彩的演出，直到戏班离开斯特拉福城为止。

14岁时，莎士比亚离开了学校，开始了他的谋生之路。他到父亲的铺子里做过帮工，在码头做过搬运工，替人家当过导购……但他发现这些都不是自己的兴趣所在，唯独有一次，他意外地在一家剧院找到一份工作，虽然工作很琐碎、普通，主要是替客人看管衣帽，照料有钱的观众上下马车，还有在后台打杂，但这个环境是他梦寐以求的地方。从此，莎士比亚可以真正地接近戏剧了。一有空闲，他就躲在后台静静地观看演员们的排练。这里成了他的戏剧学校，孕育了这位名垂青史的戏剧大师。

1592年的新年，对于莎士比亚来说是个难忘的日子，他的剧本《亨利六世》在伦敦最大的三家剧场之一——玫瑰剧场上演，莎士比亚一炮打响了。很快，《理查三世》《威尼斯商人》《温莎的风流娘儿们》《哈姆雷特》《奥赛罗》《李尔王》相继上演。悲剧《哈姆雷特》的轰动效应，更使莎士比亚登上了艺术的顶峰。

可以说，莎士比亚是在寻找兴趣、延续兴趣，并且发展自己的兴趣中成长的，他一生都在为自己的兴趣而努力，一生都在为兴趣而拼搏，最终成就了自己的梦想，达到了自己人生的辉煌。

从心理学的角度来说，当一个人在做与自己兴趣有关的事情，从事自己所喜爱的职业时，他的心情是愉悦的，态度是积极的，而且他很有可能在自己感兴趣的领域里发挥最大的才能，创造出最佳的成绩。莎士比亚不就是一个成功的例子吗？

所以，千万不要逼迫自己去做不喜欢的事，把握好自己的兴趣，在该作出选择时不要犹豫，将你的精力消耗在你喜欢的事情上，你不仅会拥有很大的动力，也会爱上你所做的事。

1.找到感兴趣的事情

有一些人缺乏发掘能力，他们不知道自己的兴趣究竟是什么，自惭形秽、妄自菲薄，认为自己天生就是庸才，注定一生都要碌碌无为。其实，这些人真正的问题在于没有找到自己的兴趣所在，没有很好地挖掘自身潜力，过于盲从、过于武断地误判了自己的价值。

2.感兴趣的事情，态度更积极

不可否认，一个人在事业上取得的成就大小与兴趣是有很大关系的。如果你做自己一直喜欢做的事，你的内心便会充满愉悦与快乐。因为做自己喜欢的事才是幸福的，这样的幸福不用你作任何思想斗争，不用你去考虑任何不必要的琐碎事情，同时，它也不是你刻意追求的结果，因为它是自然而然的，与做事的过程相伴而生。

因为喜欢，你会感觉前方的道路水阔天高；因为喜欢，你会感到浑身充满动力；因为喜欢，你会尽情地享受自由与快乐。也正因为这样，你在做事时会觉得得心应手，顺理成章，事半功倍。

你每天有多少时间被打扰了?

你每天有多少时间被打扰了？日本专业的统计数据指出：“人们通常每8分钟会受到一次打扰，每小时大约7次，或者说每天50—60次。平均每次打扰大约5分钟，每天总共约4小时，也就是约50%的工作时间（按每日工作8小时计），其中80%（约3小时）的打扰是没有意义或者极少价值的。同时，人被打扰后重拾起原来的思路平均需要3分钟，每天总共就是大约2.5小时。根据以上的统计数据，可以发现，每天因打扰而产生的时间损失约为5.5小时，按8小时工作制算，这占了工作时间的68.7%。”

时间都去哪儿了？可以说：“打扰是第一时间大盗。”如果需要做一个时间管理者，每天至少需要有半小时至一小时的“不被干扰”时间。如果你可以有一个小时完全不受任何人干扰，把自己关在自己的空间里思考或者工作，这一个小时的工作量往往能够抵过你在单位时一天的工作量，甚至，有时这一小时比3天的工作效率还要高。

25岁的王小姐当文员已经6年，进这家公司也有3年了，半年前来到现在所在的销售部。这个部门一共有20多名工作人员，男女人数相当，销售员全是男性，行政人员是清一色的女性。

王小姐平时上白班，每天工作8小时，一周工作5天。由于有早晚班之分，她通常都是中午12点和傍晚6点两个时间点下班。王小姐的爱好比较广泛，唱歌、看电影、插花。而下班后，她习惯回家吃饭、看书、上网、陪家人，也偶尔跟同事吃饭、唱歌。

与王小姐同公司的同事则喜欢下班后聚在一起打麻将，一般都有固定的几个牌友。“三个月前的一天，她们三缺一，我看实在找不到人，就跟她们打了一次。”王小姐说，她其实比较讨厌打牌，也不怎么会打，“没想

到有了第一次，她们每次打牌都要喊我。”

渐渐地，一遇到同事下班约她打牌，王小姐心里就五味杂陈，本来就不太会拒绝人的她也曾说过“不想去”，但在同事的软磨硬泡下，每次到最后都被迫陪打。同事们“游说”的那些话，王小姐随口就能背出几句，“哎呀，就是几个同事耍一会儿，不会有好大个输赢，就当是混时间。”“去嘛，你看我们三缺一，心里好受啊？”……

于是，三个月下来，王小姐每个月要被迫陪同事打三四次麻将。本来就不太会打牌的她“很受伤”——基本上每次打牌都会输掉100元以上。9月份还没完，就已经打了3次，输了600多元了！前天，同事又与她约好了下一场牌局，对此，王小姐表示很无奈。

对王小姐而言，下班被迫打麻将给她带来困扰远不止输钱那么简单。王小姐说：“本来这个月，我要参加公司举办的一个征文比赛，就是因为她们老是约起我打牌，最后我错过了交稿时间。”平时下班后就去打麻将，回到家都深夜12点了，洗漱完就凌晨1点多了，想到第二天还要去上班，根本就找不到写文章的状态。

尽管是被迫打牌，王小姐也怕自己上瘾，因此心理压力一直比较大，她说：“每次打牌的那段时间，每天晚上睡觉都梦见自己打牌，弄得自己的精神状态很差。”

案例中王小姐，自己的休息时间被打扰了，严重影响了生活和工作。对她而言，首先要学会自我调适、自我放松，通过各种方法宣泄自己压抑的精神情绪；其次要制定与自己能力成比例、一致的目标，明确生活与工作的界限；再次要妥善处理人际关系，正确认识周围朋友，分清工作上的朋友、生活中的朋友；最后要尊重自己的兴趣爱好，增强抗干扰能力，安排不被干扰的时间。

生活中总有这样的情况：有一件事一直想去做，却过了很久才想起来，且到现在还没做。每天总是被各种事情占据了时间。让我们尝试一下不被打扰的时间吧。每天给自己固定设置一个时间段，在这个时间段里，只去处理你最想去做的那件事情，关掉手机、QQ、微博。

1.找到躲避的地方

许多办公室是靠一些隔断划分出每个人的工作区域，这样的设置方法可以保持员工之间的距离，又不影响沟通。不过，我们依旧需要给自己安排一些不被打扰的时间。如果在某项工作上遭遇挫折，不妨找一个僻静的地方，往往会有意想不到的收获，比如楼道、楼顶、空的办公室等，这些地方能够让我们独自思考，很少会有人打扰到自己。

2.断掉通信

当你的注意力完全集中在当前的工作时，只有很少的几件事可以干扰到你，那就是手机来电、日程提醒、有人找你。假如你打算在工作时给自己一个安静的时间段去认真地规划手头工作，那不妨把手机调成静音，在特定的时间统一回电；关闭客户端，每天固定几个小时去接收或回复；挑选一个有人打扰概率最低的时间段。

3.偶尔听一听轻音乐

当你在写程序、编辑视频、制作动画或者其他工作的时候，可以戴上耳塞，放一段轻音乐，将自己和其他人隔离开来。

小贴士

其实，投入地工作和被打扰是此消彼长的，假如你足够投入工作，周围的环境是很难打扰你的，这时你只需要将手机关掉就可进入不被打扰的境界。假如你本身就对工作感到厌烦，心情非常焦躁，那么，就算一根针掉在地上，也会干扰你的注意力。

别打退堂鼓，没有尝试永远完不成

从前有一头毛驴，它拥有两堆草料。它饿了，站在两堆草料中间，是去左边还是去右边呢？往左边走走……嗯，还是去吃右边的比较好；往右边走了几步……算了，还是去左边那堆好了。走走又回头，回头又走走，于是，这头幸运的、富有的毛驴，就这样在两堆草料间活活地饿死了。这个故事当然是有点夸张，可是，不要觉得人就不会做这样的傻事。正是因为人比毛驴聪明，思考能力强，所以，在前思后想中，更容易犹豫不决，浪费时间，失去机会。在生活中，有不少人做事思前想后，顾虑太多，结果在犹豫不决中丧失了绝佳的机会，也失去了改变人生的机会。

安妮从小有一个梦想：大学毕业后，先去欧洲旅游一年，然后去纽约百老汇奋斗，在那里寻找自己的小天地。现在，安妮已经是哈佛大学里艺术团的歌剧演员。

老师偶然听到了安妮的梦想，他当即说：“为什么要等到毕业之后再去呢？你可以现在就出发。”安妮思索了一会儿，说：“或许你是对的，大学生活并不会帮我争取到去百老汇工作的机会。不过，我决定一年之后再去。”老师感到疑惑：“为什么要再等一年？你现在就可以去了。”安妮有点迟疑，说道：“不然，我先等这学期学业结束之后再去吧，下学期就出发去百老汇。”老师紧紧追问：“为什么要等下学期？你今天就可以启程出发去百老汇。”安妮看着老师的眼睛，相信他说的是对的，她当即

表示下个月去百老汇。但是，老师似乎并不太满意，说：“为什么再等一个月？现在就可以去。”安妮听到这样的话，内心激动不已，说：“不过我需要买一些东西，可能需要一个星期的准备时间。”老师笑着说：“你所需要的东西，我想在纽约这座城市完全可以买得到，所以你可以今天就出发。”安妮激动地点点头，说：“好，那我明天就启程去百老汇。”老师当即说：“这就对了，我已经为你预订了明天的机票。”

果然，第二天安妮就出发去了百老汇。当时，百老汇的制片人正在制作一部经典剧目，需要选拔新演员，他要从许多应聘者中挑出10人左右，然后让每个人按照剧本演绎一段主角的经典对白。安妮听闻这个消息之后，通过各种渠道从化妆师手里拿到了剧本，然后一个人躲在房间里练习。到了面试那一天，安妮即兴表演了一段剧目，由于她情感真挚，声情并茂，当即被制片人钦点为该剧目的主角。

安妮到纽约后，没几天就顺利进入了百老汇，穿上了她人生中的第一双红舞鞋，她的梦想实现了，她成了百老汇的一名演员。尽管之前的她是犹豫的，不过她依然抓住了时间——马上出发。在生活中，许多追逐梦想的人，总是磨磨蹭蹭，前怕狼后怕虎，结果硬生生地耽误了时间，错失良机。

为了商量如何对付猫吃老鼠这个问题，老鼠大王召集了众多成员开商讨大会。如何对付猫呢？面对这个问题，老鼠们各抒己见，有的出主意，有的提建议，但是，商讨了大半天，依然没有得出一个妥善的解决方法。

这时成员里号称最聪明的老鼠想出了一个妙计，它说：“在过去，我们与猫大战三百个回合，却总是败在猫爪之下，这是为什么呢？毕竟猫的体积和功力在那里，若论单打独斗，我们只能失败。我觉得唯一能够解决的方法，就是不被它抓住。”其他老鼠面面相觑，问道：“这倒是个好方法，不过如何才能躲过猫的魔爪呢？”那位老鼠露出一丝狡黠的微笑，说：“其实，我们可以给猫的脖子上系一个铃铛，不管它去哪里，铃铛都会响起来，而我们只要听到铃铛响，就知道它出来了，然后就赶紧跑，自然就躲过了。”老鼠们听了，非常高兴，一致觉得这是个非常不错的主意。

老鼠大王听了也非常高兴，不过，应该由谁去给老鼠挂铃铛呢？这个好想法必须落到实处，才能避免自己的族员们不被猫抓走。于是，老鼠大王当即问大家：“那么，谁去给猫系铃铛呢？这可是一个艰巨而重要的任务。”大家你看我我看你，就是不发言。

老鼠大王看大家都不踊跃，也只有点兵点将了。它当即指着机灵的小老鼠说：“要不，你去吧，你最机灵了，这活儿非你莫属。”小老鼠一听给猫系铃铛，害怕得浑身发抖，当即请求大王：“回大王，我虽然年轻，但是缺乏经验啊，我自认无法胜任。”老鼠大王听了觉得有理，当即对年纪稍大的老鼠发出命令：“那么，我想你是其中最有经验的了，你就去吧。”那位年纪稍大的老鼠一听，忙摇头：“哎呀，大王，我上有老下有小，还等着我养活呢，再说我这老胳膊老腿的，怎么能担此重任呢？”老鼠大王一听也对啊，既然大家都没法担任这项工作，不如就派那个出主意的老鼠吧。正想着叫它呢，结果发现那位老鼠早溜得不见影儿了。

结果，好主意是想出来了，但是直到老鼠大王死，也没有完成给猫系铃铛这项任务。

目标是否可以实现，关键在于是否及时行动。在任何一个领域里，不努力去行动的人，都无法获得成功。正所谓“说一尺不如行一寸”，任何希望、任何计划，最终都必然要落实到具体的行动中。

1.及时行动

只有及时行动才可以缩短自己与目标之间的距离，也只有行动才能将梦想变为现实。如果你只是心里想想，又总是考虑其他的因素，错过了及时行动的机会，那么终会后悔莫及。

2.想得太多会把握不住机遇

人生有三大憾事：遇良师不学；遇良友不交；遇良机不握。很多人把握不住机遇，不是因为他们没有条件，没有胆识，而是他们考虑得太多。在患得患失间，机遇的列车在你这一站停靠了几分钟，便又驶向下一站了。

现代社会充斥着激烈的竞争，机会可遇不可求，且稍纵即逝。如果一个人在作决定时总是优柔寡断、犹豫不决，那机会只能与他擦肩而过，且将他远远抛在后面。因为他总是思前想后，所以浪费了时间，错失了机会。

娱乐八卦只会分散你的注意力

你每天花了多少时间浏览明星的微博和贴吧？花了多少时间与朋友谈论明星八卦？关注八卦的娱乐时间，真的费时费力。叔本华在《人生的智慧》中道出了自己对人生的见解：无论世界怎样变化，无论周围的人怎样对待自己，快乐与幸福永远都是来源于自己。或许，我们可以说，只有来源于自己的开心才是最幸福的。许多人总是将快乐寄托在别人的身上，看

到别人笑才会开心，听到别人的赞美和感谢就会高兴。但是，随着时间匆匆而过，留下的不过是回忆。而那些记忆中尚存的点点，只是零星的、杂碎的，它们在我们的人生里是多余的，毫无意义的。

现代社会，经济迅速发展，生活节奏也越来越快。在如此紧张的生活节奏中，人们发现自己越来越难以捕捉到生活中的快乐与幸福。于是，许多人开始关注别人的生活，他们追逐活跃在大屏幕上的明星，深陷娱乐世界的八卦新闻。今天，某某女明星陷入离婚危机；明天，某某男明星吸毒入狱。那些娱乐世界的八卦新闻似乎比电影情节更吸引人，给人们茶余饭后带来了更多的谈资。

豆豆今年25岁了，她在一家外企公司工作，每天过着朝九晚五的生活。按理说，这个年龄的女生已经过了追星的年龄，可是，熟悉豆豆的人都知道她每天最大的兴趣就是八卦明星的生活琐事。

每天，豆豆很早就来到公司，打开电脑，点击“娱乐新闻”，这已经成为她生活的一部分。浏览那些八卦的娱乐新闻时，豆豆一会儿笑，一会儿气得摔鼠标，一会儿又捂着嘴巴偷笑不止。紧接着，她嘴里就会冒出一大堆话来：“哎，谢霆锋和张柏芝离婚了，当初我多么看好他们啊，金童玉女啊，我再也不相信爱情了！”“话说，华仔有了一对双胞胎女儿，真的还是假的啊？”……

同事就纳闷了：“豆豆，你每天最开心的事情就是八卦娱乐世界啊，有那么开心吗？”这时，豆豆就会一副很无奈的表情：“我也是没办法，工作压力太大，每天找不到更多的不费脑子又能让我开心的事情了，我这是自娱自乐。时间长了，我也就习惯了，每天不看娱乐新闻就会觉得少了点什么。”

难道我们对开心的奢求已经到了将它们寄托在八卦的娱乐世界的地步吗？其实，真正的快乐与幸福来源于自己。源于自身的快乐，是持久的，

你快乐了，与此相应地，你的心态就好了。如果你将这种快乐寄托在别的东西上，那么，那种被动的感觉，是自己无法左右的，所谓的自己很快乐，也不过是自欺欺人罢了。

这是已经年逾50的周先生所写一篇的日记：

不知道哪位名人说过：幸福不是得到的多，而是索取的少。一个人容易满足，幸福快乐就会常相伴！

前些天，元旦节，女儿女婿来看我，一家人享受天伦之乐。在这短短三天中，我陪着他们逛街，我为他们花钱，看着他们吃喝玩乐。在拥挤的地铁，他们给我让座；在熙攘的大街，他们小心地扶着我。我感到很快乐，这是我自己内心深处的快乐。

今天清晨，我听着音乐来公司上班，看到环卫工人、出租车司机的辛苦，我感到自己比他们幸福；看着晨练的人，看着他们脸上洋溢着的笑容，我觉得自己能够自由地呼吸该是一件多么值得庆幸的事情。

周先生虽然已经年逾50，但是，他的快乐十分简单。原来，远离了那些八卦的娱乐世界，我们一样能获得快乐，而且，源于自身的开心将会让我们感到更幸福。真正的快乐与幸福来源于自己，这意味着我们不能寄快乐与幸福于发泄与玩乐之上。

1.别把一瞬间的兴奋当成幸福

八卦着娱乐世界的是是非非，有些人感到很兴奋，因为他们所谈论的对象是高高在上的明星，而明星的身上却无一例外地发生了一些普通人的故事。于是，越来越多的人陷入八卦的娱乐世界中，他们错把那一瞬间的兴奋当成了幸福。

2.做对自己有意义的事情

一个人自身的快乐，就是找到自己真正喜欢的事情、真正想做的事

情，不为现实地投入全部的热情，只为单纯地兴趣与喜欢。

3.八卦的娱乐新闻不会带来真正的幸福

真正的快乐是生命本性的自然流露，从某种程度上说，只有不在乎外在的虚荣，快乐幸福才会润泽你的心灵。

真正快乐的力量来自于心灵，而不是八卦的娱乐世界。拥有快乐的心情才会感觉到活着是美好的，内心是喜悦的，还有一份抑制不住的真诚微笑，那是一种美妙的内心感受。

适当关闭手机，切断干扰源

信息时代，智能手机已经进入生活的方方面面，每个人除了可以利且手机打发碎片时间，其他诸如购物、社交，甚至工作都可能需要用到手机。人们每天使用手机的时间越来越多，那么，你每天花多少时间玩手机呢？

特恩斯市场研究公司（TNS）是一家全球性的市场研究与资讯集团，他们最近的一项研究显示，全球16—30岁之间的用户每天使用手机的时间平均为3.2小时，而中国手机用户的平均使用时间为3.9小时。在TNS的调查结果中，中国用户每天使用手机的平均时长仅次于泰国的4.2小时，位列全球第二。换而言之，大部分中国人，每天24小时，除去睡觉的8小时和吃饭的2小时，其余的14个小时里，除了工作时没空玩手机，剩下的时间有接近4

个小时在使用手机，几乎占到了所有剩余时间的一半。

那么，人们每天用手机都在干什么呢？根据调查结果显示，使用社交网络和观看视频分别以46%和42%的比例占据使用频率的前两位，而在线购物以12%的比例位列第三。刷刷朋友圈，看看微博，逛逛淘宝、京东等，这些基本上是手机使用频率最高的行为。

13岁的小松刚上初中，为了方便他更好地学习，父母为其添置了电脑，主要用于查资料。平时小松只是在学习之余才上上网，大部分都用于学习。

不过，近一段时间，小松用电脑的频率比较多，经常是一回家就躲进家里的书房，一个人玩电脑。刚开始，父母还以为小松只是用电脑在学习，也没多注意。

后来有一次，父亲无意间经过书房，打算看一下小松的学习情况，推开房门才发现小松根本没有在学习，而是在玩游戏。父亲十分生气："小小年纪不学好，玩什么游戏，这会让你成绩直线下降的。"小松很无辜地看着父亲，说："可是班里的同学都在玩，他们天天谈论的都是游戏里的角色，我发现自己根本插不上嘴，我也是受他们影响，而且好多同学都会直接带手机去学校里玩，我只是晚上玩一会儿。"父亲当即打电话向老师了解情况，这才知道，不仅初中生，连小学生都陷入了这款游戏的诱惑之中。面对这样的环境，父亲表示很无奈。

其实，把花在手机上的时间拿出来关注自己，你会得到更多，努力工作你会得到报酬，多点时间关心身边的亲人，你的生活会更温暖。何必拿着冷冰冰的手机，只知在朋友圈关心、关注那些你压根就不熟的人，而放任亲人在身边不闻不问，让亲情渐渐淡薄？

你是否有计算过自己每天花了多少时间来刷朋友圈？当现代社会的电

子产品更新越来越快，社交网络越来越发达，越来越多的人成为低头族，吃饭时刷朋友圈，走路时也刷手机，上厕所时手机似乎比手纸更重要。那么，你花在手机上的时间有多少呢？一小时？两三个小时？三五个小时？还是五个小时以上？

有人甚至说，手机是现代人唯一离不开的东西。每天起床后，都会随手打开手机，点开微信朋友圈去看动态，一条一条往下翻，看到朋友的动态随手点个赞，看到有意思的内容再评论一下。刷着手机，可能半个小时很快就过去。因为总是玩手机，所以人们产生了一种错觉：玩手机时间很快就过去了，而上班时总感觉时间好难熬。

大部分人玩手机上瘾、刷朋友圈上瘾，每天有空时就去刷朋友圈，有些人甚至在工作时也会去点开看一下。其实很多时候别人并没有更新动态，刷了几次还是那几条；但自己就像着魔一样，总是想去看看。

手机的高频率使用，导致一大批手游滋生。平日里喜欢在电脑上玩游戏的人，开始将注意力集中在手机上，毕竟比起电脑而言，手机更便于携带、更好操作。于是，人们花了更多的时间在手机游戏上。

曾有脑科学方面的专家对此进行研究后表示，每天长时间刷朋友圈会严重分散人的注意力。研究显示，脑的前额叶处理问题的习惯倾向于每次只处理一个任务。多任务切换，只会消耗更多脑力，增加认知负荷。因此，有科学家相信，这种“浅尝辄止”的方式，会使大脑在参与信息处理的过程中变得更加“肤浅”。美国学者甚至以“最愚蠢的一代”来讽刺信息时代的低头族们。

1.多交朋友，丰富生活

在闲暇的时候，多进行瑜伽、打篮球、跑步，深呼吸等活动，让生活变得充实，同时也可以放松身心。不要让自己的生活太无聊了，当一个人

无聊的时候，就会不断地用手机来填补空虚的兴奋感，好像手机是自己获取外界信息的唯一通道一样。

2.减少看手机、用手机的次数

下意识强制自己每几个小时才去查看一次手机。如果必须随身携带手机，就把手机放在包里，并强制自己不要频繁打开包查看手机。长时间使用手机会形成一个习惯，想要改变习惯，需要一定的强制性才能达到效果。

3.彼此提醒少用手机

其实很多人之所以使用手机的时间那么长，就是因为他们的周围充斥着低头族，而他们自己也不明白用手机的确切目的。在手机上，他们打开微信、打开微博、打开百度，就这样一个一个看下去，漫无目的，最终时间过去了，也不知道自己看了些什么。 在生活工作中，你可以与身边的亲友彼此协商好，让对方监督并提醒你。比如，在你使用手机时间过长时提醒下，在一些场所提醒你不要使用手机等。

4.删除不常用的程序

有的人在手机上装了很多APP应用，有购物、旅行、理财、游戏、微信、QQ等。手机上装的应用太多，会影响手机的运行速度，而商家的推送信息则会干扰我们的注意力。对于手机上一些不常用的应用，可以删除，这样既可以腾出内存空间，还能够减少干扰，何乐而不为呢？

5.别把手机放在床头

很多人早上睁开眼睛的第一件事情就是看一下手机，看看朋友圈有没有更新等。每天晚上睡觉之前，很多人也要看手机，但这样不仅伤眼，还会影响睡眠质量。睡觉时若将手机放在旁边，因为手机的辐射，人们在睡觉的时候对外界的防御能力是很低的。

6.找其他东西代替手机

不要一遇到问题就想到手机，也许有其他更好的方法，去寻找、去尝试，以此减少对手机的依赖。比如，在上班路上可以选择以看书代替玩手机，拍照的时候可以用数码相机代替手机。

7.坚持每天写日记

记下每天使用手机的时间和目的，这样可以让自己真正了解整天拿着手机是在做什么。也可以写一些你认为有意义的事情，让自己多发现身边的人和物，这样不仅可以戒掉手机瘾，还可以扩宽自己的视野，并且能够锻炼自己的语言组织能力和表达能力。

小贴士

智能手机的出现确实让人们生活变得更加便利和丰富多彩，让人与人之间的沟通变得更便捷，但也让人与人之间面对面的交流变得越来越少，人们可能更愿意用发微信的方式来和朋友交流。凡事过犹不及，可别让手机占据了你全部的时间。

自控规则，别让惰性打败你

懒惰是一种心理上的厌倦情绪，人们常常误以为那是安逸，是休息，是福气，然而实际上那是无聊、倦怠、消沉。懒惰会消减对未来的希望，隔断彼此之间的情感，让一个人内心狭隘、怀疑人生。解码拖延症，需要先打败惰性。

你是如何养成懒惰习惯的

对于懒惰，人们并不陌生。平时生活中，我们经常听人说：“我当然知道如何去做可以实现自己的目标，不过不管怎么提醒自己，就是做不到，因为太懒了。”“每天计划跑步一公里，但是坚持了三天就没跑了。”“下班后只想窝在沙发里，什么也不想干，我估计到了懒癌晚期。”……懒惰是一个被过度使用的批评词，关乎一个人性格品质的判断。因为懒惰，人们不去做自己想做的事情，最后只能成为平庸的人。

你是如何养成懒惰习惯的？梦想搁浅了吗？曾经的激情也退潮了吗？不知道从什么时候开始，人们莫名其妙地陷入一种“懒惰”的心理旋涡，明明知道自己很懒，却无法改善，任由其慢慢地发展为懒癌。吃饭点外卖，买东西逛淘宝，懒细胞渐渐扩散到全身，能不出门就不出门，能坐着绝不站着，能躺着绝不坐着。懒惰的表现形式多种多样，诸如极端的懒散状态，轻微的犹豫不决。

在现实生活中，大多数人天生懒惰，喜欢逃避工作，即便内心有宏大的目标，也缺乏执行的勇气。在西方，懒惰是七宗罪之一，懒惰的人通常怯懦、缺乏想象力，无责任心。懒惰在人们身上通常表现为：不能愉快地同亲人或他人交谈，尽管你很希望这样做；不能从事自己喜爱做的事，不爱运动，心情也总是不愉快；整天苦思冥想而对周围漠不关心；由于焦

虑而不能入睡，睡眠不好；日常生活及其起居极无秩序，无要求，不讲卫生；常常迟到；不能专心听别人讲话；不知道生活的目的，不能主动地思考问题；没有时间观念，事情总是想着明天做；明明没做什么事情却老是觉得身心疲惫，打不起精神。

那么，懒惰的根源在于什么呢？

1.惧怕失败

许多人通过自己的方式来推迟对目标的追求，比如找一份更好的工作。但是他们对自己缺乏信心，担心即便自己去尝试了，也会因能力不足而无法胜任，这样对他而言是非常难受的，所以，犹豫半天后，他觉得不去尝试是更好的。

2.担忧成功

许多人下意识有害怕成功的心理，认为如果自己成功，会潜在地威胁到身边人。所以，为了避免冲突，他们会选择不继续努力。例如，一个习惯于站在老公背后的女人，突然升职加薪了，这让老公面子上挂不住，所以，她放弃了继续努力。

3.过分依赖

他们渴望被照顾，过度依赖身边人。在很多事情上，他们表现得很没用，这样就会有人过来帮忙做事。比如老婆总念叨不想煮饭的老公“你就是懒”，但还是会帮忙煮饭。这样的过分依赖，会使身边那些感到被胁迫的人或同样想要被照顾的人感到厌烦。

4.对自己期望极低

尽管别人对他期望很高，但他为自己定的标准太低。他没有制订计划的习惯，这样就会有人为来他制订计划，他可以趁机表现自己，同时避免承诺，为他制订计划的人则需要担责。这样的人容易让身边的人遭受指

责，自己却免于责任。

5.懒惰的沟通方式

人们在潜意识里担心冲突，担心直接表达自己的情绪会伤害与他人之间的关系，甚至造成决裂。人们为了避免冲突，往往会把自己的不满意隐藏起来，于是便选择懒惰的方式沟通，而这种懈怠的方式会令人感到厌烦。

6.需要放松

大多数人以为自己应该全速前进，当身体和大脑停止运转以示抗议时应惩罚自己变得“懒惰”。尽管，人生需要拼搏，但事实上每个人都需要时间放松和休息。

7.细微抑郁

抑郁包括兴趣丧失，疲惫，快感缺失。有些人以为自己是变“懒”了，但实际上他可能是抑郁了而自己没发现，因而未得到及时治疗。抑郁的人们通常感到困。他们对于自己变懒的状态的不满可能加剧他们的抑郁。对自己的懒惰的厌恶在抑郁人群中较为普遍。

假如你比较懒惰，请试着将行为当成问题的症状而非问题本身。找准懒惰的根源，就能有效帮助自己摆脱懒惰。别因为自己是“懒人”而感到很受挫，重要的在于找出潜在的原因，这样才能彻底改变懒惰的习惯。

懒惰不是安逸，而是借口的源头

懒惰是借口的来源。在生活中，人们通常会说：“这不是我的原因，是因为他没有做好。”“不是我不想学习，是因为我没有起床晚了一些。”“不是我工作不努力，是因为主管看不上我。”这些语言听起来是否十分熟悉呢？是的，因为我们自己也经常说这样的话、寻找这样的借口来掩饰自己的懒惰。

懒惰的人总是不断为自己寻找借口，但借口往往不会帮助你，只会害了你，你所寻找的借口越多，就会变得越来越懒惰。只动脑想借口而不愿意去做事情，然后把错误归咎于别人，每次都从别人身上找原因，而不是寻找自身的原因，这样会使自己丧失前进的机会。

罗马人一直信奉两个真理：勤奋与功绩。这两个真理被认为是罗马人征服世界的奥秘。在当时，罗马人最尊敬的就是农业，哪怕一个刚刚从战场上凯旋的将军，也不可避免地要走向田间劳作。正是由于罗马人的不懈努力和勤奋，使得古罗马越来越强大。

然而，当人们的财富和奴隶渐渐增加的时候，罗马人觉得劳动好像变得不那么重要了。于是，整个国家开始走向衰败，懒惰导致罪犯增多、腐败滋生。一个曾经代表西方文明的古罗马就这样消失了。

古罗马皇帝在临终时给罗马人留下这样一句遗言：“懒惰是一种借口，勤奋工作吧！”当时，他的周围聚满了士兵。

懒惰会让人的心灵变得灰暗，会让他对勤奋的人产生嫉妒。一个懒惰的人总是寻找借口，看到别人获得了财富，他会说：“他只是比较幸运而已。”看到别人比自己更有才智，他会说：“因为我的天分不如别人。”这样处处为自己寻找借口的人是难以获得成功的。

1872年，只有24岁的哈同一个人来到中国上海谋生。尽管他看起来是一个年轻能干的小伙子，但事实上他穷得连一件像样的衣服都没有。当时他没有任何积蓄，也没上过学，不懂得任何技术，但是，他渴望在上海立足，决心通过自己的努力去挣钱。

哈同利用个子高的优势在一家洋行谋得了一份看门的生计。尽管很多人看不起这份工作，不过哈同觉得没什么，自己也是通过工作挣钱，这是正当的工作。他希望以这份工作为起点，通过自己的不懈努力，积蓄能力，以后总会找到更好的工作。

哈同平时工作十分认真，尽职尽责。晚上休息的时候，他就会埋头苦读一些经济和财务的书籍，以此来提升自己。由于忠于职守的态度，他深得老板的喜欢，又因为善于学习东西，让老板觉得他是一个可造之材。于是，老板把哈同调到了业务部门当办事员。

哈同继续努力工作，每天都在为如何做好工作而思考。在这样的努力下，他的业绩越来越出色，慢慢被提升为业务员、大班等。这时候，他的工资已经增加了，不过，心怀大志的他并不因此而感到满足，他想拥有自己的企业。

1901年，积累了资本和能力的哈同离职，开始独立运营商行，并命名为“哈同商行”，主要以经营洋货买卖为主。当时，他敏锐的眼光发现在中国上海相对比的竞争品并不太多，这样消费者就不能货比三家。所以，通过市场，哈同获得了高额的利润，哈同商行也越做越大。

哈同能够从一名看门工做到商行的老板，体现了犹太人的勤恳智慧。看门，可能是大多数人都瞧不起的活，很多人是不愿意干的，他们觉得自己相貌堂堂，年轻高大，怎能屈于当站门雇员。可是哈同不这么认为，他认为这是他成功的一个起点。我们仔细观察哈同的工作历程，不难发现他

成功的秘诀，那就是“脚踏实地，循序渐进”。他对自己的每一份工作都勤勤勉勉，忠于职守，并不急于求成，而是循序渐进地做下去，慢慢登上成功的宝座。

1.懒惰是借口的来源

懒惰是借口的来源，如果我们不想再为自己找借口，那就必须让自己变得勤奋起来。生活给我们每个人一样的平台，谁跑得快，谁就能第一个站在台上接受鲜花和掌声。假如你跑得慢，就只能在后面忍受别人的讥讽。

2.越勤奋越自信

一个永远勤奋而且乐于主动工作的人，将会得到老板甚至每个人的赞许和器重，同时，他还为自己赢得了一份重要的礼物——自信。

小贴士

假如你跑得慢，就需要比别人更勤奋一些。懒惰是一种习惯，勤奋也是一种习惯，既然都是一种习惯，为什么不把自己变得勤奋一些呢？有意识地克制懒惰，时间长了，我们就会变得勤奋起来，而不再为自己的懒惰寻找借口了，成功之手也会向我们伸过来。

懒惰的人总说“没时间”

日本女作家吉本芭娜娜出版了四十本小说和近三十本随笔集，《鲤》杂志曾采访过她：“许多女人生了孩子之后就没有闲暇时间了，您现在有

了孩子，如何抽出时间来写作呢？”吉本芭娜娜说：“确实没什么时间，但是我一直在拼命。为了争取多一点的写作时间，每天我都在与时间赛跑，最夸张的时候，你能想象吗，我几乎是站着吃饭。”估计许多年轻人看到这里会感到羞愧吧，比起吉本芭娜娜，许多人总是感慨自己时间不够、事情做不完，却从来不去利用那些零碎的时间。

犹太人洛克菲勒是一位对工作异常勤奋的人。一天二十四个小时中，他的工作时间一般都在十五六个小时，超过了一天的大半时间。而有的时候，他甚至可以一天工作十八九个小时。有人给他计算，他的一生中平均每周工作76个小时，只休息很短的时间，经常是别人已经下班了，他还在勤奋地工作。他常常对别人说：“如果你什么都不想干，那一天工作8个小时就可以了，可是如果你想干点什么，那么当别人下班的时候，正是你工作的时候。”

别人问他：“你怎么能一天工作20个小时？”他却说：“一天工作20个小时怎么可以，我需要一天工作48个小时。”当人们看到他的时候，他总是在不停地忙于工作。于是，凡是认识他的人都说洛克菲勒只有睡觉和吃饭的时候不谈工作，其余时间他都是泡在工作里。这位世界级的大富翁就是这样紧张而勤奋地工作的，所以他才取得了举世瞩目的成就。

从来不说时间不够，保持勤勉的态度，是洛克菲勒的成功秘诀。洛克菲勒之所以能够获得成功，就在于他始终如一地保持勤勉的态度，从来不以忙和没时间作为借口。他的勤勉已经成了顽强的奋斗，在他的眼里，一天24小时都已经不够用了，他希望能在一天内工作更长的时间。犹太人认为，只有勤勉的人才能够尝到胜利的果实，只有勤勉的人才能够得到命运的眷顾。洛克菲勒用自己的实际行动证明了这样一个道理：如果你是一个做事勤勉的人，那么成功就已经离你不远了。

人们对于自己的未来总会有很多规划，而当他们未能完成时总是推诿：“我最近太忙，根本没有时间。”试问如果你想有所获得，有所成就，做哪一件事不会耗费时间呢？我们经常看到的卓越人才，举手投足优雅，且写得一手好字，当你在羡慕对方的时候，是否想起对方为了培养仪态、练字又一个人度过了多少沉默时光呢？

1.没时间，是因为你浪费了时间

忙和没时间是最烂的借口，因为每个人的时间都是公平的，你之所以会抱怨没时间，不过是因为你在其他事情上浪费了时间。

2.勤奋是质变的过程

财经作家吴晓波说：“每一件与众不同的绝世好东西，其实都是以无比寂寞的勤奋为前提的，要么是血，要么是汗，要么是大把大把的曼妙青春好时光。”如果我们倾力付出自己的努力，那早晚会从量变到质变。你现在每走的一个脚印，都会成为将来实现人生飞跃的跳板。

人们总会定下许多计划，看书、运动、旅行等，却又常常因没有时间而不得不放弃。难道你的生活真的有那么忙吗？真相到底如何，每个人自己心知肚明，别总以忙和没时间当借口，那不过是在为自己的懒惰找理由而已。你若坚持努力，一定会发光，因为时间是所向披靡的武器，能聚沙成塔，将人生一切的不可能都变成可能。

犹太人的“第克替特时间”

行动的天敌常常是人们的拖延，而能够停止拖延的最好办法就是马上付诸行动。犹太人只占全世界人口的百分之一，但全球百分之七十的财富都掌握在他们手中。这其中的一个重要原因，就是犹太人懂得做行动的主人。我们做任何事情都要尽自己最大的努力，别把今天的事留给明天。做事情时绝不在哪里拖延，而是做到今天的事情今天做，时刻谨记“今日事，今日毕”；保持较强的时间观念，绝不拖延时间，也不浪费时间，致力于把每一件事做好。

在犹太国家，不管你走进任何一个成功人士的办公室，你都会发现一个很大的特点：办公桌上从来没有尚未外理的文件。

一直以来，闻名世界的犹太人就有很强的时间观念，他们觉得浪费时间是非常可耻的。今天的事情一定要今天完成，明天还有明天的事情，绝对不会把今天的事情拖到明天，当然，把昨天的文件积压到今天也是非常不对的。

对犹太人而言，珍惜每一分钟的时间，然后去衡量它的价值，是十分重要的，所以他们养成了良好的工作习惯，文件从来都是当场签批。如果办公桌上堆着很多需要处理的文件，而刚好里面有一些是十分重要的文件，如果未能及时处理，将会对工作、公司造成很大的影响，这简直是没有必要的麻烦。

一位著名的犹太商人这样说：“对于商人而言，办公桌的文件大部分都是有业务往来的信件、商业密函等，里面的内容都是一些很重要的商业信息，有的可能成是希望有业务往来，有的可能说商品交易。每一个文件都是一条有价值的商业信息，很有可能为商人一个扩大业务的机会。那么

多未处理的文件堆压在办公桌上，哪怕有一条需要马上回复的信息，等到第二天再处理，已经为时已晚。毕竟每个人的时间都是很珍贵的，客户若迟迟没有收到这边的回复消息，也许会选择放弃，另外选择业务伙伴。假如真的是这样，对商人而言将是莫大的损失。”

犹太人对这一点的意识非常强烈，所以，每一个犹太人对自己手中的文件都是非常重视的。甚至大部分的犹太人会将这一部分称为“第克替特时间”。

犹太人在上班时间里，专门安排了处理商务文件时间。一般而言，在上班后的大约一个小时内，犹太人称之为“第克替特时间”，就是处理文件时间。他们在这段时间里会阅读前一天下班至今天上班之间所接到的商业文件，并逐一回信，用打字机将信打好让秘书及时发出去。

在第克替特时间内，犹太人总是全神贯注地处理文件，追求高质量高效率的工作，他们通常会谢绝一切的打扰。假如有人到访，势必会影响阅读文件的速度和工作效率。

在犹太人之间，通常会说这样一句话：“现在是第克替特时间。”这句话，在犹太人的话语里，有公认的意思，意思就是“谢绝会客”。

犹太人用“第克替特时间”来处理文件，这样能够做到高效率地办事。犹太人一般把“马上解决”这句话作为自己的座右铭，所以，他们特别注重办事的效率和时间。如果他们有事情，就马上致力于去找到解决的办法，而不是一拖再拖。他们极其重视时间观念，所以，在他们看来，拖延昨天的工作，是最可耻的事情。他们力求今天的事情来今天就能够完成，而不是拖到明天。

《塔木德》中写道：“金钱能够储蓄，而时间不能储蓄。金钱可以从别人那里借，而时间不能借。人生这个银行里还剩下多少时间也无从知

道。因此，时间更重要。”犹太人用投资来作比喻，投入多少不能用金钱来衡量，而是用时间来计算。他们觉得，在时间和金钱这两项资产中，时间显得更为重要。

1.时间是宝贵的

只有时间才是最宝贵的，犹太人认为，当你认识到时间的宝贵的那一刻，你也会变得富有。时间观念极强的犹太人无论是在生活中还是在工作中，都极为珍惜时间，所以他们做事情的原则就是今天能完成的事情绝对不会拖到明天。

2.勤奋地努力

哈同在自己做看门工的时候，晚上还会用自己休息的时间阅读一些经济类的书；而洛克菲勒更是愿意一天工作48个小时，来达到自己理想中的工作量。他们都会在别人休息的时候开始努力地学习、工作，所以，他们总能比别人多一些成功的机会。

对于认定是今天必须要完成的事情，竭尽全力地去完成它，哪怕别人已经下班了，也要坚持把事情做完再下班。这能帮助我们养成做事严谨、珍惜时间的习惯，也是我们获得成功的一个重要条件。

学习曾国藩的五勤

有人给那些懒惰的人下定义：把不愉快或成为负担的事情抛诸脑后，

或许推迟做。如果你是一个懒惰的人，那生活中的你大部分都在虚度光阴，无所事事。即便去做一件事情，也是担心这个担心那个，或者找借口推迟行动，乃至错失了机会和灵感，到了最后，却抱怨上天的不公平。“天道酬勤”，我们要学会克制自己内心的惰性，当自己想偷懒的时候，鼓励自己再坚持一下，这样我们才能如期完成目标。

懒惰不仅是成功的大敌，还是我们不良情绪的源头。在充满困难与挫折的人生道路上，懒惰的人过着极为单调的生活，在他们的生活里，只习惯于等、靠、要，从来不想发现、拼搏、创造，最终，他们不仅错过了多姿多彩的生活，而且将一事无成。

曾国藩不是最聪明的，但一定是最勤奋的，一个读书要一字一字咀嚼的人，其勤可见一斑。曾国藩有五勤。

一曰身勤。就是以身作则，身体力行。曾国潘办理军务时，每日早起，不管前一天睡得多晚，第二天总能按时早起，督军练兵，办理政务。

二曰眼勤。李鸿章曾带三个人让曾国藩委以官职，曾国藩对李鸿章说，刚才我散步，第一个不敢直视，可见他是一个敦厚的人，可以帮办后勤；第二个貌似恭敬而实傲慢，不可委以重任；第三个直立正视，目光坚定，可以委以大任。而这第三个不是别人，正是刘铭传。

三曰手勤。其实并不是真的动手，而是养成好习惯。曾国藩有三个好习惯，一个是慎独、反省；一个是读书，曾国藩将书籍分为熟读书和应读书，为了使自己不落后于潮流，曾国藩可以说是嗜书如命；第三个就是写家书，曾国藩最多时一年写了235封家书。

四曰口勤。口勤主要是处理与上级、同僚及下级关系时，要主动沟通，善于化解矛盾。曾国藩与骆秉章关系不和睦，骆秉章几次怠慢曾国藩，但曾国藩不作口舌之争，而是积极化解矛盾，第二次出山时特意登门

拜访骆秉章，让骆秉章大为感动，表示以后曾国藩若有事，湖南定将全力以赴支持。

五曰心勤。即有坚强的意志品质。曾国藩屡败屡战，正体现了一种坚强不屈的品质。

中国有句古话：一屋不扫，何以扫天下？若我们不能勤勉地工作，又怎能为日后的成功打下基础呢？那些“一屋不扫”的懒惰者，最终会被埋葬在一屋子的灰尘中，再也发不出闪亮的光芒。

巴菲特是一个勤勉的人，在他童年的时候，他的追求是成为一个勤勉刻苦的报童。他曾一度每天要走五条路线递送500份报纸，主要是投送给公寓大楼内的住户。通常小巴菲特下午5：20出发，坐上开往马萨诸塞大街的公共汽车。有几次，巴菲特生病了，母亲不得不代替他去送报纸，母亲说：“取报纸、送报纸对他来讲真是太重要了，任何人都不敢碰他放钱的抽屉，一个硬币都不能动他的。”当成年的巴菲特再次回忆自己送报纸的经历时，他这样说：“如果当年我不能成为一个勤勉的报童，又怎么会成为最成功的投资家呢？”

1.勤勉是成功之本

如果你很懒惰，就什么也得不到；如果你是个勤奋的人，就能够得到奖赏。正确的观念，会让我们在成长的路途中更懂得怎样认真地去做每一件事。

2.成事在勤，谋事忌惰

韩愈曾说：“业精于勤荒于嬉，行成于思毁于随”。一个人要想成就一番事业，一定要守住“勤”字，忌掉“惰”字。面对你的生活或者事业，你用什么样的态度来付出，就会得到相应的回报。如果你以勤付出，回报你的，也必将是丰厚的硕果。相反，那些懒惰的人，生活是不会赐予

他任何东西的。

懒惰的人是思想上的巨人，行动上的矮子。如果你懒惰地面对你的人生，那么就等同于将自己的生命一点点送入虚无。一个成功的人，是不会让懒惰有任何露头的机会的。

戒掉懒惰，努力才能成功

拒绝懒惰，努力才有可能成功。在生活中，很多人对未来有一个美好的愿望，但就是拒绝付出努力。那些懒惰的人实际上是在否定自己，是在任由自己的生命一点点变得虚无。懒惰作为一种习惯，浪费掉的是拯救自己的机会，荒废的是比任何东西都宝贵的生命。懒惰是理想的绊脚石，每个人的生命和时间是有限的，我们有多少光阴是因为懒惰而浪费的呢？

在现实生活中，有许多人贪图安逸而不愿意吃苦受累，结果，时间长了，他们就变得懒惰了。懒惰是生活最大的敌人，许多悲剧都是因懒惰而造成的。命运的好坏完全取决于自己，假如我们选择了勤劳，那我们一定可以通过努力得到幸福，即便只有一点点是自己创造出来的，那也是一种幸福；假如你选择了懒惰，那你将终身和不幸、厄运、灾难成为伙伴，永远是一个失败者。

美国底特律有位妇人，名叫珍妮，她原本是一位极为懒惰的妇人。后来，她的丈夫意外去世，家庭的全部负担都落在她一个人身上。她不仅

要付房租，而且要抚养两个子女。在这样贫困的环境下，她被迫去为别人做家务。她白天把子女送去上学后，便利用下午时间替别人料理家务。晚上，子女们做功课，她还要做一些杂务。就这样，懒惰的习惯渐渐被克服了。

后来，她发现许多现代妇女外出工作，无暇整理家务，于是她灵机一动，花了七美元买来清洁用品和印刷传单，为所有需要服务的家庭整理琐碎家务。这项工作需要她付出很大的精力与辛劳，她把料理家务的工作变成了专一技能，后来甚至连大名鼎鼎的麦当劳快餐店也找她代劳。

现在她已经是美国90家家庭服务公司的老板，分公司遍布美国很多个州，雇用的工人多达8万人。

珍妮的成功事例告诉我们，人们的贫穷大多是由于懒惰、贪图安逸、不愿意奋斗而造成的。假如一个人不愿意奋斗，自甘过着贫穷的生活，那他就永远无法摆脱困境，连上帝也没办法拯救他。

有这样一句话：“世界上能登上金字塔顶的生物只有两种：一种是鹰，一种是蜗牛。不管是天资奇佳的鹰，还是资质平庸的蜗牛，能登上塔尖，极目四望，俯视万里，都离不开两个字——努力。”若是缺少了勤奋的精神，即便是天资奇佳的雄鹰也只能空振双翅；而若是有了勤奋，即便是行动十分不便的蜗牛也可以俯瞰世界。靠着自己的双手去生活，远比依赖别人要踏实得多。

认真做事，并不是件轻而易举的事情，它需要我们开动脑筋，投入时间和精力。同样是做一件事情，仅仅做完是一种态度，而在做完之后还进行细致的检查则是一种认真的态度。我们在做事的过程中，要一直坚持着这种绝对认真的精神，这样的神采是最容易打动人的。

1.良好的作息习惯

养成良好的作息习惯，早睡早起，作息规律。很多人都明白，赖床是懒惰之本。最经典的办法——定闹钟。时下有很多创意闹钟，绝对有办法“骚扰”到你起床。

2.多运动

多运动，锻炼身体。懒人胖子多，对于胖人来说，懒与不运动绝对是“对等”关系。另外，经常的身体锻炼除了可以令人拥有健康的体魄，更能使人保持旺盛的精力，从而与懒惰说不。

3.时间计划

懒人都有拖拉的习惯，往往抱着“明日复明日”的想法。对此，我们应制订详细的计划，将时间规定好，把事件细分化。例如，规定一个小时内或半个小时内完成某项任务，或者把一件复杂的事情分开几步完成，既能提高效率，又能很好地解决懒惰的心理。

4.积极暗示

有一些人是因为性格内向、不自信等心理状况而形成了懒惰，从不爱、不敢与人接触交流慢慢发展成习惯性地懒得参与一些公众活动。针对这种情况，我们可以在房间里张贴名言警句，给予自己积极的心理暗示。

5.需要监督

懒惰的人大多是缺乏自律的，包括一些经验方法或计划，若没有持续的执行能力，还是无法改掉懒惰的毛病。对此，我们可以请自己的家人、同学、朋友、同事等帮着监督自己。

6.换个环境

有条件的话尝试换个生活环境或打破原有的生活规律。刚上学的孩子为什么懒得上作文补习班却对上游泳班很积极，外出旅行时为什么都能做到早起？主要还是由于周围的环境发生了改变。

在这个世界上，有太多懒惰的人，他们不思进取，总想着天上掉馅饼的事情发生在自己身上，最终却被自己的懒惰贻害一生。俗话说：“早起的鸟儿有虫吃。”只要勤奋，我们一定能拼搏出属于自己的一片天空。

超限效应，其实你不需要完美

完美主义的倾向与拖延之间存在着紧密的联系。通常完美主义可以分为积极完美主义和消极完美主义，积极完美主义者会想方设法让事情趋于理想状态，而消极的完美主义者则会采用拖拉的方式来逃避失败。

你的缺点就是太过完美主义

一个人身上总会出现一些个体特征明显的问题，比如强迫症、洁癖等，这些典型的问题会影响到这个人的一言一行。当然，比起许多其他问题，我们似乎对“完美主义”趋于好感。甚至，有些人无不得意地逢人便说：“我这个人呢，唯一的缺点就是太过于完美主义。”事实上，这些人根本不了解什么是真正的完美主义。

完美主义，准确地说体现在两个方面：完美主义的努力和完美主义的担忧，也可以理解为积极的完美主义和消极的完美主义。积极的完美主义，主要是严格的自律和高职业道德；消极的完美主义，则代表了过度自我批评以及满足感的缺失。从古至今，有许多成功的人士，他们大多属于积极的完美主义者，追求完美，但这份对完美的渴求并没有成为他们成功路上的障碍。

积极的完美主义，对人和事都有一定的正面促进作用。这一类型的人，一旦定下目标，就会坚持下去，对事情的要求永远希望做到尽善尽美，他们会更多地关注事情不好的一面，然后努力去弥补事情的不足之处，从而促成整件事情的顺利结束。当然，在做事情的过程中，他们对完美的追求不会影响到事情本身。

然而，消极的完美主义者，却因太过于追求细节、追求完美而导致

做事效率低下，甚至会养成拖延的习惯。这一类的完美主义伴随着内心的焦虑，他们通常会以为自己再好也不够好，一种对卓越的完美追求，导致他们缺失了“自我关怀”。人们或许难以想象消极完美主义的破坏性有多么严重，通过大量研究发现，消极完美主义者和自杀之间存在危险的相关性。他们不会在冲动之下做事情，总是小心行事，善于计划，因此，一旦他们下决心结束生命，典型的性格特征会让自杀更容易成功。

消极的完美主义还容易导致抑郁症，现实生活中的诸多压力对于抑郁症的影响，会随着人们追求完美的程度的提高而加剧。简单地说，就是如果一个人常常去关注事情违背其愿望发展的那一方面，那情绪就会常常遭受打击，从而加剧抑郁症的发作。

很多人并没有意识到消极的完美主义的破坏力，他们更多地希望完美主义可以帮助自己实现成功，但真相并不是这样。因为从一开始就阻碍人们的正是那些对失败的恐惧、对无法达到自己预期的恐惧，在这样的情况下，大部分人会通过不良的应对机制来面对压力，也就是尽可能地回避。比如，一个成绩平平的人，他对于自己能否考出优异的成绩并没有太大的焦虑感，根源在于他认为自己没办法完美地完成任何事，于是选择了不去尝试。而且，在做事过程中，他往往会由于小挫折，或者害怕犯错而感到焦虑，从而影响进一步完成任务。过度的完美主义情结，让完美主义者对自己有着几乎不可能达到的高标准，以至于即使在旁人看来他们已经很成功，但是他们依然没办法感到快乐。

完美主义者身上有太多的标签，如果在一个人身上出现了大部分的个性化标签，那么表示这个人追求完美主义已经开始走向消极的一面了。

1.做得不好是能力不足

人们做事时难免会做得不好或犯错，正是因为有了错误，我们才能在

经验中学习和成长。不过完美主义者并不会这样想。在他们看来，假如自己一件事做得不好，那就表示自己能力方面有些许不足。哪怕是一点点小挫折也会带给他们强烈的挫败感，如果是遭遇大的难题则会让他们作出严厉的自我批判。

2.即使成功了也没多少喜悦

对完美主义者而言，不管自己赢得了怎样的成就，也依然不习惯去庆祝成功的结果。即使别人已经觉得很成功了，他们也还是会看到其中的瑕疵。当人们在为他们庆祝成功时，他们总会自我检讨说“我应该会做得更好的”“还是怪我这里没考虑到，否则现在的结果应该更好”。

3.感受不到自我价值

完美主义者经常感受不到自我价值，从来不会因为“我是谁”而感到骄傲。通常他们的自我价值来源于自己做了什么，完成了多少事情。不过，令人奇怪的是，即便他们成功地完成了很多事情，他们也依然不觉得自己成功了。

4.对他人严格苛求

完美主义者不仅对自己要求严格，同时也会对他人提出非常严苛的要求。这些不切实际的期望，以及他们对别人提出的严格要求，常常会影响他们人际关系的和谐。

5.伴随诸多心理问题

一个过度的完美主义者，他的心理常常存在各种亚健康问题，比如强迫官能症、神经性进食障碍、抑郁症等。若是抑郁症加重，还会产生自杀倾向。

从不做没有把握的事情

完美主义者虽然表面上看起来处处追求尽善尽美，但事实上，大部分

的完美主义者对自己不擅长的领域完全没什么兴致。他们喜欢展示擅长的一方面，或者在感兴趣的领域中发展，从而拒绝做没有把握的事情。平日里他们也会喜欢选择挑战性较低的事情来增加成功的可能性，但若是挑战新的领域，则会让他们感到苦恼。

7.对生活感到不满

完美主义者对失败的恐惧感以及对未来的焦虑感，让他们往往对自己的生活感到不满。一个典型的完美主义者，平日里看起来并不是很快乐。若是现实生活中压力比较小，他们的表现往往比较可观，一旦生活压力比较大，他们就会表现出对生活的严重不满。

8.做事效率很低

生活中，那些积极性强的人往往很努力，而且做事效率很高。但对于典型的完美主义者而言，他们非常纠结一件事情的完成，一篇稿子改了无数次依然觉得不满意，一件工作做了很多天依旧觉得不够好。由于过分追求完美，所以他们做事效率比较低。

9.需要大量的时间和精力

完美主义者往往需要大量的时间和精力，以此来掩饰自己的不完美。他们内心十分害怕受到来自别人的批判，为了避免这样的评价，他们会尽可能维持一个各方面都不错的形象。

10.常常感到烦躁不安

完美主义者，由于对自己和他人有过高的要求，而事实上自己很多时候并不能达到高期望，且他人也会因各种情况无法达到高标准，所以他们常常感到烦躁不安。

完美主义者常常会受到来自人际关系的压力，容易夸大他人的否定、拒绝、怀疑等，而且这样的压力完全没有办法通过自己所达到的成就来消除。所以，对于过度追求完美的人而言，最重要的就是接受一切不完美。

总拒绝没有把握的事情

为什么完美主义者更容易逃避？因为过分追求完美，所以，对于那些看起来不可能完成的任务，他们选择放弃，一味地沉浸在自己的精神世界里，与外界社会完全脱离。假如完美主义者希望赢得成功，甚至在一些不擅长的领域甚至达到自己期望的高度，那就需要勇敢挑战那些不可能完成的任务。

一个人的思想决定一个人的命运，完美主义者缺乏向不可能完成的任务发出挑战的勇气，因此只能画地为牢，最终将自己无限的潜能化为有限的成就，甚至一事无成。如果想让自己的业绩更上一层楼，想攀登更高的山峰，就要鼓起勇气去挑战那些不可能完成的任务。

杰克逊向人们讲述了自己经历的一件事情：

现在，有许多休闲活动开始转向惊险刺激，而我选择了跳伞训练来挑战自己的胆识。在一次例行的业余跳伞训练中，我们由教练引导，背着降落伞登上了运输机，准备进行高空跳伞。突然，不知道是哪个学员惊叫了一声，大家顺眼望去，竟然发现了一位盲人，他带着自己的导盲犬，正随

着大家一起登机。令人惊讶的是，和大家一样，这位盲人和导盲犬的背上也各有一具降落伞。

飞机起飞之后，所有参加这次跳伞训练的学员都围着这位盲人，大家七嘴八舌地问他："为什么会参加这一次跳伞训练？"一名学员好奇地问道："你根本看不见东西，怎么能跳伞呢？"盲人回答得很轻松："那有什么困难的？等飞机到了预定的高度，开始跳伞的警告广播响起，我就只要抱着我的导盲犬，跟着你们一起排队往外跳，不就行了吗？"另一名学员接着问道："那……你是怎么知道在什么时候可以拉开降落伞呢？"盲人笑着回答："那更简单，教练不是教过？跳出去以后，从一数到五，我就会把导盲犬和我自己身上的降落伞拉开，只要我不是结巴，我就不会有生命危险啊！"杰克逊也忍不住问道："可是……落地的时候呢？跳伞最危险的地方，就是在落地的那一刻，那你又该怎么办呢？"盲人满是信心地回答："这还不容易，等到我的导盲犬吓得乱叫的时候，同时，手中的绳索变得很轻的时候，我就做好落地的标准动作，这样不就安全了？"

讲完故事以后，杰克逊这样说道："很多时候，阻碍我们去做某件事情的是自己内向的性格，只要鼓起勇气，相信自己，那么，人生就是美好的。"你是否能成功，关键在于是否相信自己的判断，是否具有适当冒险与采取行动的勇气。如果自己总是以胆怯的样子来面对每一件事，那么，当你在犹豫的时候，你已经失去了最好的机会。

比尔·盖茨说："所谓机会，就是去尝试新的、没做过的事。可惜在微软神话下，许多人要做的，仅仅是去重复微软的一切。这些不敢创新、不敢冒险的人，要不了多久就会丧失竞争力，又哪来成功的机会呢？"因此，微软只青睐那些敢于冒险、相信自己判断的人。对于完美主义者来说，需要尝试新领域，即便在不擅长的方面，也要敢于去尝试。

1.遇到困难不要退缩

大多数完美主义者遇到困难时选择退缩，并非是因为无法战胜困难，而是因为缺乏战胜困难的勇气。他们不相信自己能够战胜困难，所以在尚未尝试时就打退堂鼓。其实，如果在遭遇困难之后能选择迎难而上，那成功终将属于他们。

2.勇于挑战一切不可能完成的任务

一位完美主义者看着台上滔滔不绝的演讲者，总会感叹：他讲得多好啊，我肯定不行，我上台双腿就哆嗦，站也站不稳……我还会忘记自己应该讲哪些内容……如果台下有人发出质疑之声，我肯定会选择逃跑。这些都是他在尚未开始挑战时幻想出来的，是不切实际的。内向者所需要做的就是打消这些想法，勇于去作一次公开的讲话，这样才能让自己变得自信起来。

小贴士

当完美主义变成一种习惯的时候，那么喜欢逃避的人就已经诞生了。想要克服自己完美而脆弱的心理，就必须学会相信自己。不仅如此，完美主义者还应该勇于挑战自我，这样才能塑造充满勇气的自信人生！

瑕疵，是完美的前提

天气如何风和日丽，也免不了留下随风的尘埃；人生如何繁花似锦，害怕迷失了壮阔的胸怀。其实，在这个世界上，没有绝对的完美，也正是

因为有瑕疵，才显得更完美，从而显得与众不同。瑕疵，是完美的前提。我们怎样才能找到完美呢？在瑕疵中是没有完美的，就好像这个世界上没有两片完全相同的叶子。对此，哲学家这样解释：“完美就在于他并不完美，世界根本不存在完美的标准，然而却有完美主义者。”其实，瑕疵和完美是相对的，有了瑕疵，才会显得与众不同，才会显得更完美。可以说，世间万物，所有的美都是有瑕疵的，因此才会显得与众不同。

当雄伟的三峡工程顺利竣工，成为世界举世瞩目的成功典范时，记者曾激动地问：“三峡最大的成功在于哪里？”负责此项工程的工程师说：“最大的成功在于对它的批评。”确实，一件东西最大的成功在于它的瑕疵，因为瑕疵，它才会逐渐变得更完美。所谓的完美终究是不完美的，瑕疵使得完美不断地发展、不断地进步，这样的美丽才会显得别具一格。

西楚霸王项羽，自恃清高，认为只有自己才是最完美的，最终却失去了眼前的大好江山，含恨自刎乌江；王明阳格物致知，认为只要完全认清事物，事物就会最完美，最终却是毫无结果；关羽年迈却自恃雄才，结果败走麦城。那些总是追求完美、容不下瑕疵的人，结果却是以瑕疵告终。在这个世界，任何事物都是美丽的，因为有了瑕疵，所以才是独一无二的美丽。

为什么不能容下瑕疵呢？正因为有瑕疵，未来才有了无限的转机，有了无限美好的可能性；正是因为那一点点瑕疵，才显示出自己的与众不同，而这样的美丽是十分难得的。

有的人一生都在追求完美，殊不知这个世界上根本不存在绝对的完美，完美不过是一种理想的境界。人的一生注定会有许多的瑕疵，你收获一些，就注定失去一些，因为没有人可以完美地获得一切。

1.别为完美而烦恼

完美，是十分遥远而高不可攀的境界。虽然，在生活中我们都很崇尚完美，也穷尽自己的一生来追求完美，但我们距离完美到底有多远，完美到底是一种怎么样的境界，我们无从得知。我们常常会因为生活中的瑕疵而烦恼，其实，这都是不值得的，因为这个世界不存在绝对的完美。万事万物，因为有了瑕疵，才会变得那样完美。

2.瑕疵也是一种完美

我们不能描述完美到底是怎样一种境界，但我们知道完美是独一无二的。这样想来，难道瑕疵不是一种完美吗？因为瑕疵，使得东西本身更加与众不同，这样看来，这件东西本身就是完美的。所以，我们说，瑕疵也是一种完美，因为有了缺憾，才让美丽显得更加与众不同。

小贴士

生活中，学会接纳别人的缺点，你才能拥有更多的朋友；学会接纳事物的瑕疵，你才能知足常乐。世间没有绝对的完美，太刻意地去追求完美，只会给自己施加压力，甚至会让自己烦恼一生。敢于面对瑕疵，因为有了瑕疵，才使得这样的美丽与众不同。

事情总会出现意外的转机

完美主义者做事总习惯拖延，那是因为他们坚持找到事情的解决办法。但其实，很多时候，我们可以通过事情的另一方面来找到解决方法。

听说，所有的基督徒都相信这样一句话："上帝为你关上一扇门，一定会为你打开一扇窗。"有时候，前方的路已经走到了尽头，这时不要处处埋怨，既然已经没路可走了，那就不要纠结于为什么自己钻进了死胡同，而应积极地寻找那扇打开的窗。生活总是一个意外接着一个意外，原本幸福美满的生活可能顷刻崩塌，同样地，原本山穷水尽的境地，也会有柳暗花明又一村的转角。

当事情变得极其糟糕的时候，我们常常容易沮丧，但我们不应该跟自己较真，因为即便是我们在经受痛苦和折磨的时候，也会有一扇窗子向我们敞开着。假如地面有茅屋失火了，那或许是信号烟在召唤上帝的恩典。在生活中，不管我们遇到怎样糟糕的事情，都不要气馁，而应振作起来，努力去寻找上帝给我们打开的那一扇窗子。

小迪自幼失聪，如今她却是某省的残联副主席，画院的专职画家，擅长工笔花鸟画。她说："我相信一句话，上帝给你关上了一扇门，就会为你打开一扇窗。在1岁多的时候，我因药物致残，从记事起，我就生活在一个没有声音的世界里。但父母从来没有把我当特殊孩子对待，一样地培养我，让我自食其力。在17岁那年，父亲把我介绍给画家当弟子，当我第一次看到老师画的《芙蓉鲤鱼》时，我有一种近乎震撼的感觉，我对画画一见钟情，我想，难道这就是上帝给我打开的另外一扇窗子吗？"

看到记者赞扬的目光，她继续说道："学画的过程并不容易，因为我不能要求老师也跟我一样用手语。这时我就用眼睛看，使劲看，使劲记。为了完成老师给我布置的作业，我常常骑上自行车到很远的地方去，去寻找一花一草。后来，我干脆搬到一个工艺美术厂打工，白天上班，晚上练画，每天的时间排得满满的，但我觉得过得很有价值。1992年，日本佛教文化交流中心会长国冈筱夫来我们这里做交流活动，在我们画院一眼相中了我的画。

在他的邀请下，我和另外几个女画家在日本北海道联合展出了自己的画作，这个画展连续举办了三届，我的作品还被印成明信片在日本发行。这件事的意义不在于荣誉，而是让我不再那么自卑了。虽然，身边有人说，一个聋哑人，这样画一画、混混日子就不错了，但我从来不认为残疾人就是不需要进取的，我一直在学习，并且会将这样一种习惯坚持到老。”

有时候，我们以为自己遭遇了世界上最残酷的事情，却浑然不知，当我们遭遇困难或挫折的时候，上帝已经在另外一边给我们准备了一条全新的道路，关键在于你是否有良好的心态走到最后。遭遇不幸之后，如果你只会为自己的痛苦而不断较真，那估计上帝也会关上那扇窗子。

1.不要纠结“门被关上了”

人生从来不会是一帆风顺的，有时候，我们难免会遭遇这样或那样的挫折。这个时候，不要纠结，不要较真，否则只会让我们孤立在门之外。当一扇门关上之后，我们尝试过打开另外一边的窗子吗？也许，那扇窗子只是虚掩的，而非紧闭的，所以，不要纠结门被关上了，而应致力于打开那扇窗子。

2.希望就在转角处

希望和绝望往往只在一线之间，我们以为所有的路都堵死了，却忘记了自己的身后还有一条路。当我们绝望到底的时候，事情往往会出现意外的转机，所谓“希望就在转角处”，别沮丧，别较真，我们总会找到事情的解决方法的。

对量子宇宙论的发展作出杰出贡献，著名的“黑洞理论”及《时间简史》

的作者——残疾人霍金这样说道：“我要感谢上帝，如果我不是残疾人，酒吧、舞厅都会留下我的脚步。我残疾，少了许多社会繁杂事务，可以集中时间思考问题。”虽然，上帝给霍金关上了一扇门，却为他打开了一扇窗。

失败也不是大不了的事情

在兵法中，有这样一句话：“胜败乃兵家常事。”简单的一句话，却给了我们很大的启示：尽量将输赢丢开，胜败皆是常事。其实，在生活中何尝不是这样呢？当我们遭遇失败的时候，需要告诉自己：“将输赢丢开。”不要计较自己到底是输了还是赢了，你越是较真，心情就越是糟糕。确实，生活中从来没有输赢，我们需要保持的是淡定的心态。对于我们每个人而言，生活是风云变幻的，那些意想不到的事情总会在我们不经意的时候发生，既然输赢已定，我们需要的就是保持一颗平常心，不计较输赢。面对失败，我们不能因一时的挫折而丧失斗志，一蹶不振，不能因为一次输赢而患得患失，失去必需的平和心态。有时候，人生就是一场又一场的赌博，输赢并不是自己所能决定的，我们所能做的就是填满中间空白的过程，如果我们没办法决定是输还是赢，那就努力维持平和的心态。

大学毕业后，他放弃了父母托关系为他找的铁饭碗工作，只身带着单薄的行李南下，来到了发展较好的沿海地区。即便每天只能做很简单、枯燥的工作，他也能从中得出自己的快乐，而且他好学，遇到什么不懂的问题都会向同事请教。时间长了，老板欣赏他的踏实与认真，晋升他为秘书。之后，他不断地升职，渐渐在企业有了响当当的名号，这时候，他毅然放弃了高薪职位，拿着多年的积蓄，开了一家小公司。在他的努力经营

下，小公司一天天成长，他成了远近闻名的大老板。

在那年的金融海啸中，他的公司也不幸遭遇了很大的冲击。得知消息的时候，他还在家里，父母担心地看着他。他很平静，反而安慰父母：“没事，当年我也是一无所有，现在不过是需要时间而已。”他回到了公司，有条不紊地处理事宜，员工看着平静的他，本来慌张的情绪也缓和了。公司该接的业务还是照接不误，好像什么都没变，慢慢地，公司一步步走回了正轨。

我们要学会以平和的心境接受失败，不计较输赢，因为胜败乃是常事；然后，对于失败之后的残局，要有条不紊，泰然处之。在上面这个案例中，我们能够学到的是不追求过分完美的心境，以及那种临危不惧的心态。

胡雪岩刚开始做丝绸生意的时候，就面临了一次失败。当时，胆大的胡雪岩买下了湖州所有的蚕丝，打算自己来控制价格，以此打击洋商。没想到，生意虽然做成了，可前前后后算起来，最后竟倒赔了一万多两银子，再加上之前欠下的债，差不多有十几万两。面对如此的打击，胡雪岩依然镇定自若，该拿给朋友的分红，他一分不留，整个人身上看不到一点“输”的痕迹，因为他知道，只要自己内心不败，总有一天会成功。

后来，上海挤兑风潮来临，胡雪岩又一次站在输赢的转角。当时，上海阜康钱庄的挤兑风潮已经波及到杭州，胡雪岩全力调动、苦撑场面，费尽心机保住阜康钱庄的信誉，试图重振雄风。可是，在这关键时刻，可谓是“屋漏偏遭连阴雨”，宁波通裕、通泉两家钱庄同时关门。原来，这通裕、通泉两家钱庄是阜康钱庄在宁波的两家联号，胡雪岩意识到这次自己真的要输了。朋友德馨打算出面帮忙，并愿意垫付二十万两维持那两家钱庄，胡雪岩很感动，却婉拒了这一好意，他觉得自己已经不能挽回败局，

也不想拖累朋友。于是，胡雪岩决定放弃通裕、通泉两家钱庄，全力保住阜康钱庄。

面对危机，胡雪岩做到了“输得起”，经过一番考虑之后，他总结出这样一个道理：人生做事，必然会有输有赢，胜败乃兵家常事，关键是心里不能输。既然选择了做生意这样有风险的事业，就要“赢得起，更要输得起”。

1.输也要输得漂亮

胡雪岩说：“我是一双空手起来的，到头来仍旧一双空手，不输啥！不但不输，吃过、用过、阔过，都是赚头。只要我不死，你看我照样一双空手再翻过来。”因为那份坦然的心境，胡雪岩虽然输了，但输得漂亮，实在令人佩服。

2.不要计较生活中的输赢

在生活中，输与赢不过是不同的结果而已，任何一个人，既要有赢的渴求，同时也要有输的心理准备。输赢乃常事，我们所能做的就是始终保持一颗平和的心态，因为生活本就没有输赢；即使输了，也不要输了斗志、输了志气。如果你总是计较生活中的输赢，那估计你会经常成为输家，而非赢家。

在生活中，我们会遇到这样或那样的事情，可能会执着于完美主义，不承认自己输了，或陷于紧张、慌乱、无措中，但只要你保持良好的心态，淡定从容，事情看起来就没那么糟糕。所谓“船到桥头自然直”，在平和的心境下，不利会变为有利，一切困境都会过去。

其实根本没人在意你

生活中，有的人过分追求完美主义，不断地苛责自己，他们习惯于把自己当焦点，注意自己的一言一行，好像一旦有一点点疏忽，自己就成了大罪人一样。其实，他们都忽略了，自己就好像在不断地讨好身边所有的人，一旦看见别人的眼光不一样了，他们就觉得内心恐惧，一种莫名的担心随之而来：我是不是做得不够好？实际上，生活中，每个人有每个人的生活方式和行为习惯，根本没人在意你今天说了什么，做了什么、千万不要一厢情愿地把自己当成焦点。如果你觉得别人在观察你、注意你、在意你，那也是因为你太过较真了，人们每天都有很多事情需要考虑，他们根本没有多余的时间和精力来观察你到底说了什么、做了什么，或者说哪些事情没做好。

小资是一名歌手，以前，她也有过抱怨的时候，每次上节目，她都会抱怨："我太辛苦，实在受不了压力太大的生活，有时候很在意歌迷和媒体的看法和评论。我一年发行两张专辑，但是，自己又想把工作做得更好，这样的工作量简直令我崩溃。"以前的工作时间安排得很紧，如果白天上通告作宣传，晚上，还要去录音棚完成下一张专辑的录制，这样的生活超出了小资可以承受的范围，每天她都感觉到很累，而心中的怨气却无处诉说。最后，在内心快要崩溃的时候，她选择了退出歌坛。

在四年的休息时间里，小资做自己喜欢的事情，她说："以前大家都是看我怎么变化，现在我是用自己的脚步来看大家的改变。虽然，现在，我年纪大了，似乎变得老了一些，但是，年龄并不是我能掩盖的东西，我也想永远年轻，却也懂得这就是时间给我的礼物。在我成长的过程中，我得到的最大一份礼物是不用费劲去证明，只需要做自己喜欢的东西，跟着

自己的步伐。在以后的时间里，如果我能完全坚持自己的选择，那就是最好的生活。”

或许，对于小资来说，她的年龄确实变得大了一些，但是，这样一个年龄，正是一个不需要太在意任何人眼光的时候。最近，小资复出了，在工作上，她已经与唱片公司达成一致的意见，不需要拿任何事情炒作新闻，同时，不需要为了赢得名气而故意虚报唱片的销量，自己可以自由自在地唱歌，这是小资最喜欢的一种状态。

每个人都应该在心中告诉自己：“我不在意任何人的眼光，我不是焦点，我只需要做自己喜欢的事情。”一个人若是较真地将自己当成了焦点，他就会以人们心目中的标准来要求自己，担心自己不能让所有的人满意，害怕在做错一件事之后受到大家的责备。即便没有人会在意，他的内心也会背负沉重的包袱。因为太过较真，所以他活得很累。

小雨是店里新来的营业员，她是一个小心翼翼的女孩子，就连说一声“你好”，她都会微微点头，唯恐自己的言行让店长不太满意。其实，对于这样一个谦和有礼的女孩子，店长是很喜欢的。

小雨并不明白店长的心思，她每天都在担心自己的工作做得不够好，担心自己做错了事情。有一天，她在摆弄蛋糕的时候，不小心手抖了一下，小蛋糕摔在了地上，小雨害怕得眼泪流了下来，店长急忙安慰：“没事，没事，一会儿让师傅重新做一个。”可小雨心里好像背上了一个沉重的包袱，总在担忧这件事：店长会不会因为这件事辞退我？我怎么这样笨呢，其他人工作总是做得那么好，可我……她越想越泄气，每天忧心忡忡，工作中接连着工作出现了很多纰漏，店长疑惑了，这样一个女孩子到底为什么烦心呢？

在店长的再三开导下，小雨才道出了自己的心结，店长听了哑然失

笑："这都是一些小事情，值得为这样的事情担心吗？工作中犯了一点小错，没有人会在意的，因为大家都在关注工作的事情，没有人会关注你。当初我当实习生的时候，犯下的错误更多，但我从来不担心，因为犯错了才能更好地改正错误，不是吗？"听了店长的话，小雨顿觉豁然开朗，自己并不是焦点，又何必需要去在意别人是怎么看的呢？

因为太在意别人的目光，我们的言行都会小心翼翼，如履薄冰，心中好像揣着一个炸弹，随时准备着逃跑，这样整日忧心的日子有什么快乐可言呢？其实，将自己当成焦点，那不过是在与自己较真，根本没人会在意你的言行。

1.你不需要让所有的人都满意

大多数人都有这样的经历：上学的时候，父母总是指着隔壁的孩子说："瞧瞧人家，成绩多优秀，你得向他看齐。"大学毕业了，父母长辈都说："还是当个老师，或者考考公务员，这才是铁碗饭，其他的都不是什么正当的工作。"工作的时候，上司总是告诉你这样不对、那样不对。我们生活的出发点，似乎都是为了让所有的人都满意，而从来没有让自己满意过。事实上，我们要懂得这样一个道理：你不需要讨好所有的人，只有自己喜欢才是最重要的。

2.做自己喜欢的

生活中，什么是快乐？其实，快乐很简单，就是做自己喜欢的事情。如果我们太过在意别人的眼光，不自觉地将自己当成焦点，那只会让自己身心疲惫。因此，学会做自己喜欢的事情，享受自己生活的世界吧，没人会在意你做了什么。

只要不是太大的事情，通常情况下人们是不会在意的，任何人都不会成为大家的焦点，因为每个人的焦点都是他自己。因此，不要苛责自己，即使在做事的过程中有了一点疏忽，也不要自责，因为没人会在意。

第6章 目标计划，找准人生的指南针

俗话说：“凡事预则立，不预则废。”对拖延者而言，不要把目标刻在石头上却又把计划写在沙滩上。只有制定目标，才能找准人生的指南针。计划是为了完成一定的目标而事前对措施和步骤作出的部署，能让事情变得更为有序。

方法比瞎忙更重要

人活于世，仅仅知道做什么是不够的，因为人的命运取决于做事的结果，而结果取决于做事的方法。做事持之以恒，有毅力，肯努力，这些都是优秀的品质。然而，方法比瞎忙更重要。抓不住事情的关键所在，只知道埋头干事的人，最后只能像贾金斯一样，白费气力，最终也解决不了问题。

某建筑公司为一栋大楼安装电线，但很快遭遇了难题。原来，他们需要把电线穿过砌在砖石里且拐了五个弯的一条20米长、直径3厘米的管道，这简直是不能完成的事情，怎么办呢？

一位装修工非常聪明，总喜欢想一些奇妙的主意。他先到市场上买回来一公一母两只白鼠。然后，他将绑了电线的公鼠放在管子的一端，另一名工作人员把母鼠放在管子的另一端，然后轻轻地捏它，让母鼠发出叫声。在管子一端的公鼠听到母鼠的叫声，便会沿着管子去找它，这样绑在它身上的电线便会沿着管子铺好，等到公鼠和母鼠相见的时候，两根电线也就很容易地连在一起了。

每一个人都要努力做到：用脑去想，用心去做，学会思考，学会发现问题、解决问题，学会认认真真地做好每一件事。聪明地做事，好机会就会来到你的身边。大部分人都专注于他们的欲望，无所作为地工作，以

至于没有工夫来思考少花时间和精力的方法。缺乏思考能力和做事方法的人，他们往往事倍功半，费力不讨好。

贾先生是一个喜欢帮忙却不喜欢动脑筋的人。有一次，他在走路时发现有个人正要将一块木板钉在树上当搁板，他乐于助人的心又被唤起了。他走过去，说："我觉得你应该先把木板头子锯掉再钉上去。"于是，他先去找来锯子，不过刚锯了两三下就觉得锯子不够快，应该磨一下。

他又转过头去找锉刀，但是锉刀缺少一个顺手的手柄，他又忙着去找手柄。他找了半天也没找到，不如自己做一个吧，他去灌木丛中寻找小树，正要砍树时发现斧头不够快。而磨斧头需要将磨石固定好，这又需要制作支撑磨石的木条。制作木条少不了木匠用的长凳，可这没有一套齐全的工具是不行的。于是，贾先生到村里去找他所需要的工具，然而这一走，就再也不见他回来了。

无数的人的实践经验证明了这一点：单纯地努力工作并不能如预期的那样给自己带来快乐，一味地勤劳并不能为自己带来想象中的生活。懂得思考，掌握方法，这是做事最关键的一点。身处于竞争激烈的社会中，同样一项工作任务，有的人可以十分轻松地完成，而有的人还没有开始就时不时出现这样或那样的问题。其中的关键，就在于前者用大脑工作，善于想方法去解决问题。只有在工作中主动想办法解决困难、问题的人，才能成为公司中最受欢迎的人。

在生活中，我们不可能总是一帆风顺，当遇到难题的时候，绝对不应该一味下蛮力去干，而要多动些脑筋，看看自己努力的方向、做事的方法是否正确。

从前有一个人，家里十分贫穷，吃不饱穿不暖，他给国王做了多年的役工，累得疲惫不堪。国王见他太可怜，就将一峰死骆驼赏赐给他。得到

国王赏赐的东西，他非常激动，自己很久没有开过荤了，想马上品尝肉的滋味。他先是动手给骆驼剥皮，但是家里的刀子太钝，他又去找磨刀石磨刀，终于在楼上找到一块。他先是在楼上磨刀，然后下楼来割皮，就这样反复上楼下楼，来回磨刀，来回割皮。

他实在太累了，不想再这样一次又一次地反复楼上楼下地跑。他决定将骆驼吊到楼上去，这样可以在楼上磨刀，就近剥皮。但是，下楼的楼梯太窄，不管他怎么使劲，依然不能成功地将骆驼搬运上去。

看完这个故事，有人会讥笑这个役工，认为他头脑愚钝，不懂变通。然而，他不正是生活中许多人的真实写照吗？从小到大，在我们的美德中，努力与坚持都占据重要的位置。我们无一例外地被教导过，做事情要有恒心和毅力。“只要努力，再努力，就可以达到目的。”这样的观念根深蒂固地存在于某些人的头脑里。

1.思维很重要

对于现实中的人来说，在学习和工作中，努力是好事情，但是光努力是不够的，还要多动脑、多思考，这样才能真正做出成绩。要善于观察、学习和总结，一味地苦干，只埋头拉车而不抬头看路，结果常常是原地踏步，明天将仍旧重复昨天和今天的故事。

2.想找对方法

一个人如果按照这样的准则做事，就常常会不断地遇到挫折和产生负疚感。由于“不惜代价，坚持到底”这一教条的原因，那些中途放弃的人，就常常被认为是“半途而废”，那些另寻出路的人，也被人称作逃兵。

人活于世，仅仅知道做什么是不够的，因为人的命运取决于做事的结果，而结果取决于做事的方法。不掌握正确的做事方法，到头来只能是无用功。正确的方法比执着的态度更重要。调整思维，尽可能用简便的方式达到目标，选择用简易的方式做事，这才是聪明人的做事方法。

拟定目标，制订行动计划

古语云：凡事预则立，不预则废。在行动之前要有目标，但仅仅有个目标还不够，在把理想铺铸成现实的道路上，还应该作好规划。规划绝非只是一种前景目标、一张蓝图而已，它更是你行动的路线图。可以说，目标就像看得见的靶子，每个人都能看到，大家都在朝它开枪，但并不是谁都能打得快且准。

做事没有什么技巧和捷径，主要还是靠勤奋踏实，尤其是制订有效的行动计划。在拟定目标的时候，每天坚持制订行动计划；同时不管遇到什么特殊情况，都要坚持完成每日给自己制订的任务。

某位在高考中获取高分的学生这样说道：确定每日、每周、每月的安排，坚定执行，必有成效。我在高三时的时间安排紧中有松，每天早晨7点到教室，先是做半个小时的英语练习，然后开始上课；中午回家吃饭后，我会躺在自己的小床或沙发上休息半个小时；1点20分到2点50分，我会去学校教室进行学习；下午和晚上按照学校的课程安排学习。当然，在课间

休息的时候，我都是离开座位到教室外面的走廊走动一下。中午在教室学习的时候，我还时而看看报纸和杂志，这样可以放松大脑，还可以为作文积累素材。而且，在一周之内，我还会为自己安排一个放松的时间，比如周六或周日上午，完全抛开学习，好好放松身心。

良好的学习计划当然是实现学习目标的蓝图，每一个学生都应该有自己的学习目标，而这个目标的实现需要学生脚踏实地，有步骤、有计划地完成。这样一来，时间和任务相结合，计划就由此诞生了。

为了实现目标，制订计划后就要努力去实现它，这样才可以使自己离目标越来越近。我们在做事前有了计划，就会把自己的行为置于计划之中，这样就有了明确的目的。当然，生活总是千变万化的，总有某些变故会冲击到我们的计划，会打乱我们的计划，这其实就是理想的计划和实际生活之间的矛盾。在这个长期的磨合过程中，我们的意志会越来越强，并继续坚持自己的计划，直到计划达成的那一天。

阿诺德·施瓦辛格说："一个人应该有远大的目标，在追逐目标的过程中稳步前进，一步一个脚印，一定能成功实现目标。"

施瓦辛格从小出生在贫民窟，是一个不折不扣的穷小子。当时他瘦弱不堪，但在心里暗暗立下目标：长大后成为美国总统。

一个十多岁的穷小子，怎么可能成为美国总统呢？小小年纪的施瓦辛格思考了好几天，拟订了一个详细的计划：美国总统通常由各大州州长竞选，那么，先做美国州长，而竞选州长则需要很多财阀的支持，获取财阀的支持就需要融入高层生活，要融入高层生活就要先娶一位豪门千金，要娶豪门千金的前提是必须是出名的人，而成为名人最快速的方法就是电影明星。那就先从电影明星做起吧，施瓦辛格开始锻炼身体，让自己身体强壮起来。

如何锻炼身体呢？偶然间，他看到著名的体操运动主席库尔，灵感迸发：强身健体可以通过练健美操实现。他开始日复一日地练习健美操，渴望自己成为身材最标准的男人。就这样持续了三年，施瓦辛格锻炼出发达的肌肉和强壮的体格，成为远近闻名的健美先生。

通过各种走秀，他的名字开始风靡欧洲乃至整个世界。没过多久，22岁的施瓦辛格如愿进入好莱坞。混迹演艺圈的数年间，他凭借健美的身材，塑造了一个个耀眼银幕的硬汉形象，开始成为闻名世界的明星。恰在这时，交往九年的女朋友家里总算同意了他们的婚事，他的女朋友是赫赫有名的肯尼迪总统的侄女。

过了十几年，施瓦辛格与太太生育了四个孩子，拥有一个美满幸福的家庭。2003年，57岁的施瓦辛格退出影坛，转而从政，并成功地竞选成为美国加州州长。

志存远大，这是一直被我们推崇的。但是在现实中，仅仅有一个清晰的目标还远远不够。就如阿诺德·施瓦辛格一样，如何开动脑筋，尽快突破小目标，实现大目标，才是我们最应该重点费心思考的问题。纵观阿诺德·施瓦辛格的成功经历，我们可以总结出这样一句话：从大处着眼，从小处着手，化整为零地循序前进。很多人都妄想自己能一步登天，一夕成名，一下子便成为一个亿万富翁；有目标、有憧憬是好事，但善于规划才是硬道理。

1. 制订计划

许多人说自己很无奈，要做的事情太多，每次面对这么多事都无从下手，其实造成这个现象的最大原因就是没有计划性。制订一个计划可以快速提升做事效率，在有限的时间里最大限度地完善自己的不足之处。比如，制订日计划和周计划，将计划与事情相结合：每天哪个时间段做什么

事，在多长的时间内应该做完这件事，用多久的时间来进行检查，到什么样的程度即可。

2. 合理安排哪个时间段该做什么事情

坚持计划，就是保持过去适合自己的做事时间不动摇，一次失败并不能否定你之前制订的有效计划，只有每天按照自己制订的计划坚持下去，才会达成自己的目的。

3. 短期和长期计划相结合

我们在开始做任何事之前，都需要为自己制订一个周密的计划，短时间的，比如3个小时工作时间，然后分成若干个时间段，每段时间做哪个方案，如此计划好；长时间的，比如看课外读本，半个月的时间看完一本书，每天看几页，一天中的哪个时间段适合看书，这些都需要写在计划里。

4. 早晚预习和检查自己的计划

每天早上醒来，躺在床上闭着眼睛，想想这一天有哪些事情要做。把这一天的时间都计划好，然后按照自己的计划去严格执行。晚上睡前检查一下，今天的计划是不是都完成了，完成的结果是不是让自己都很满意。就这样，每一天、每一周、每一个月，早晚都要预习和检查自己的计划，这样才能切实地提高自己的做事效率。

5. 善于安排时间

同样是一天，不同的人会有不同的效率。比如，有的人善于科学地安排自己的工作时间，工作和生活井井有条，所显示的效果也很好；有的人却相反，整天瞎忙一团，工作和生活毫无规律可言。对此，我们要清楚自己一周之内需要做的事情，然后制定一张日作息时间表，在表上填一下非花不可的时间，比如吃饭、睡觉、工作、娱乐等。

当然，当你制订好一份计划之后，还需要及时调整。当计划执行到某一阶段的时候，需要检查自己的工作效果，并对原计划中不合适的地方进行调整。而且，计划制定之后需要坚决执行，否则前面所做的就是无用功。对于那些喜欢拖拉的人而言，坚定执行计划是极具挑战性的。一定要记住：抓住今天，今天的事情今天完成，不要总安慰自己明天一定会完成。

番茄钟，作好工作和休息计划

番茄工作法是简单易行的时间管理方法，番茄工作法是弗朗西斯科·西里洛于1992年创立的一种相对于GTD更微观的时间管理方法。番茄钟，指的是把任务分解成半小时左右，集中精力工作25分钟后休息5分钟，如此视作种一个“番茄”。即使工作没有完成，也需要定时休息，然后再进入下一个番茄时间，收获4个番茄后，可以休息15至30分钟。在番茄工作法一个个短短的25分钟内，收获的不仅是效率，还有意想不到的成就感。

对上班族来说，每天不妨提早几分钟到办公室，把一天的工作任务划分若干个“番茄钟”，规定好每个“番茄钟”内需要完成的小目标，然后尽可能心无旁骛地工作。这种“番茄工作法”的流程，也被称为拖延症自救攻略之一。假如想培养自己强烈的时间管理意愿和意识，养成坚定的自我管理行为，想从此克服懒惰，那么不妨利用番茄钟的理论来提升自己充分利用时间的能力。

小白是职场丽人，平时养成了拖沓的工作习惯，她觉得有必要改变自己，于是打算利用番茄钟来督促自己管理时间。

周一早上8：30，小白启动了第一个番茄钟，她打算用这个番茄钟来回顾前一天的所有工作，看一遍活动清单，并填写今日日程。在同一个番茄钟内，小白检查方案是否一切就绪，作一些整理，番茄钟响了，她休息5分钟。

第二个实务番茄钟开始，开始进入工作状态，就这样进行了三个番茄钟，然后进行一段较长时间的休息。虽然愿意继续工作，小白还是决定休息时间稍长一些，以便面对紧张工作的一天。过了20分钟左右，她启动一个新的番茄钟，继续四个番茄钟，此时已是12：53。正好余下几分钟可以整理一下办公桌，收集四处堆放的文件，检查了今日待办表格，然后去吃午饭。

下午2：00，小白回到办公室，启动番茄钟继续工作。在番茄钟之间，她的休息时间不长。在四个番茄后，她觉得累了。虽然还有几个番茄要做，但她想要好好休息一下，去溜达溜达，尽可能离开工作。30分钟后，她开始一个新的番茄钟。结束，休息。她预留最后的番茄钟用来回顾当天的工作，填写记录表格，就可能的改进记下一些意见，为明天的待办表格加一些说明，并且整理书案。番茄钟响铃，短暂休息。小白看看表，5：27了。她整理好桌上凌乱的文件，排好活动表格的顺序。5：30，空闲时间开始。

小白曾是一个深度“拖延症”患者，通过种“番茄”，坚持每天上班时间至少收获10个番茄，以此来敦促自己完成日常工作。同时，自我诊断拖延程度有所减轻、工作效率大大提高。番茄工作法的设定，主要针对对庞大任务的恐惧和抗拒导致的拖延，使人们把注意力集中在当下，帮助人更好地集中精力、摆脱曾经挫折的阴影和“万一任务完不成”的焦虑。

番茄时间的原则在于，一个番茄时间（25分钟）是不能分割的，不存在半个或一个半番茄时间。一个番茄时间里若做与任务无关的事情，则该番茄时间作废。当然，应避免在非工作时间内使用番茄时间，比如5个番茄时间钓鱼。在开启番茄钟之前，需要有一份适合自己的作息时间表，在进行过程中别拿自己的番茄数据与他人的番茄数据比较，而且要明白番茄的数量不可能决定任务最终的成败。有效地利用番茄时间，可以减轻我们对于时间的焦虑，同时可以提升集中力和注意力，减少工作的中断。

1.作好记录

在开启番茄时间之前，做好准备工作，明确各个番茄时间内对应的任务，最好将任务简单写到纸质便签或日记本中，便于番茄钟的实行，强化反馈。

2.保持task时间

每4个番茄时段内的task尽量保持一致，别有太大的差别，尽可能减少task间的切换成本，毕竟切换某个task的工作状态也是需要时间的。

3.预留时间

启动番茄钟之后，打扰是不可避免的，电话或邮件都有可能打断自己的工作。假如必要，可在番茄时间段里预留一些处理打断的时间，比如25+5，预留5分钟。当然，还是应尽可能避免这种打扰，在允许范围内适当将接收邮件的时间延长，不启动即时通信工具。

根据自己的实际情况，合理设置一个工作日内的番茄时间段，尽可能将重要的工作放在精力充沛的时段。比如上午 8:30—11:00，下午 15：00—

17:00 等。当然，不一定所有工作都需要纳入番茄时间段里，要找到适合自己的工作节奏。

没有梦想，行动就没有焦点

人生是需要梦想的，万一实现了呢?不能抱持着梦想的人，他们不知道自己所要的是什么，总是茫然地生活着。确定自己的梦想，不论是对人生，或是对任何的行动，都是非常重要的。

生活中，许多人缺乏明确的梦想，他们看起来努力，总是不断地爬，却永远找不到终点，找不到目的地。没有梦想，行动没有焦点，即便白费力气，也得不到任何成就与满足。人们把一些没有计划的活动错当成人生的方向，他们即便花费了很大力气，由于没有明确的梦想，最后还是哪里也去不了。

约翰·戈德15岁时，偶尔听到年迈的祖母十分感慨地说："如果我年轻时能多尝试一些事情就好了。"对此，戈德受到很大的震动，他决心自己不能到老了还有像祖母一样没办法挽回的遗憾。

于是，他马上坐下来，详细列出了自己一生要做的事情——约翰·戈德的梦想清单。他一共写下了127项详细明确的目标：包括10条想要探险的河、17座要攀登的高山；他甚至想要走遍世界上的每一个国家，还想要学开飞机、学骑马；读完《圣经》，读完柏拉图、亚里士多德、狄更斯、莎士比亚等十多位大学问家的经典著作；乘坐潜艇、弹钢琴、读完《大英百科全书》；结婚生子。

戈德每天都看着这份梦想清单，将整份单子牢牢记在心里。

戈德的这些目标，即便在半个世纪后的今天来看，依然是不可企及的。然而，在戈德去世的时候，他已经环游世界四次，实现了127项目中的103项。他以一生设想并且完成了目标，他的人生成就照亮了这个世界。

乔布斯说：把生命的每一天当作最后一天来过。虽然我没有那么强烈的危机感，但是我想说，日益频繁的灾难、暴乱、战争、疾病，让我越来越觉得人类在灾难面前是多么渺小，生命在受到威胁的时候是多么脆弱和不堪一击。即使世界末日是个谣言，现在也是我们该作反思的时候了。如果明年是我们生命中的最后一年，朋友们，你们有没有还没完成的理想，有没有还没来得及实现的愿望？让我们把今天作为期限，认真地写下自己的愿望，然后努力在今年年底之前一件一件地完成吧！

某大学曾经作过一个跟踪调查，主题是目标对人生的影响。当时，他们选择了一群智力、学历、环境等水平相当的人。通过调查得出一个结论：这群人只有3%有清楚而持久的目标，10%有短期而清楚的目标，60%没有清晰的目标，27%甚至没有目标。

然后，长达25年的跟踪调查开始了。

首先是3%有清楚而持久目标的人，他们从有了目标之后，再也没有更换过目标，都朝着自己的目标持续努力。通过25年的努力拼搏之后，他们成为了社会上各个行业的精英人士，有的白手起家成为创业家，有的成了一个行业的楷模，有的则是社会精英。

其次是那些10%有短期而清楚目标的人，他们不断完成短期目标，又定一个短期目标，就这样稳步前进。在25年之后，他们大多成为社会的中层人士，或是律师，或是工程师，或是医生。

再次是那些60%没有清晰目标的人，由于目标不太明确，他们只能平淡地生活着，尽管生活和工作都比较安稳，不过并没有太大的成绩。

·最后是27%没有目标的人，他们没有目标，就好像失去了人生方向，生活得很糟糕，经常失去工作，有的甚至需要靠社会救济，永远生活在社会最底层。不仅如此，他们还喜欢抱怨。

也许你现在与别人差距不大，那是因为你们距离起跑线不远，而不是因为你比别人聪明，或者说上天眷顾你。你是属于那10%、60%还是剩下的部分，只有你自己最清楚。当然，希望你能努力成为那10%的目标清晰的人。

1.列出分类梦想清单

可以分类列出梦想清单，30分钟内做完的梦想清单，10分钟能做完的梦想清单。分类记录心愿，比如，最想去旅行的10个地方，最想读的10本书，最想看的10部电影，最想吃的食物等。

2.人生之旅从梦想开始

有人曾这样说，一个人无论他现在多大的年龄，其真正的人生之旅，是从有梦想那一天开始的，之前的日子，只不过是在绕圈子而已。要想获得成功，我们就必须拥有一个清晰而明确的梦想，梦想是催人奋进的动力。如果你缺失了梦想，即使你每天不停地奔波劳碌，也还是无法获得成功。而成功者之所以能轻松地走到成功，那是因为他们有一份自己的梦想清单。

3.有梦想就有了动力

在生活中，一旦我们确立了清晰的梦想，也就产生了前进的动力，所以，梦想清单不仅仅是奋斗的方向，更是一种对自己的鞭策。有了梦想，我们就有了生活的热情，有了积极性，有了使命感和成就感。有清晰梦想的人，他的心里感到特别踏实，生活也很充实，注意力也随之神奇地集中起来，不再被许多烦恼的事情所干扰。他懂得自己活着是为了什么，所

以，他的所有努力都围绕着一个比较长远而实际的梦想进行，从而步步走向成功。

列出梦想清单，完成这张清单的最终目的是帮助自己感受“做喜欢做的事是什么感觉”。通过尝试那些你认为可能喜欢的事情，让自己了解自己的真正长处，自己的核心竞争力是什么，还有什么远大的目标值得你去追求。

不妨先从周计划开始

上天是很公平的，每天给每人都是24个小时；不过，同样是24个小时，不同的人会有不同的效率。比如，有的人善于合理安排自己的时间，工作、生活、休息有条不紊，做事效率也高；而有的人却反之，不会合理安排时间，整天忙作一团，做事毫无效果而言。当我们需要合理安排时间的时候，不妨以一周作为短期，在制订时间计划的时候，需要清楚一周内所要做的事情，所要达到的目标，然后制作一张日作息时间表，在表上填那些必须花的时间，比如吃饭、睡觉、工作、娱乐，等。安排完这些时间之后，选定合适的、固定的时间用于工作，一定要留出足够的时间来完成领导布置的工作任务。

张雪是一名在校大学生，为了更好地学习，她决定作一个学习计划。在她看来，不论做什么事情，都需要作好计划以及周密的规划。想要有效地学习，就需要作一个行之有效的学习计划，这个计划就好像战略一样，

指引着自己的行动。

尽管在这之前，张雪并没有做过时间计划表。但是通过一个阶段的学习，张雪觉得应该合理安排自己的时间，毕竟对她而言学习是很重要的任务。只有作好了学习计划，学习生活才会更充实。

于是，张雪做了这样的一周学习计划表：

周一：上午8—12点，上课，认真听老师讲课，尽可能做好笔记，利于课下复习；下午14—17点，做现代汉语作业；晚上19—21点，上晚自习，复习白天学习的课程，预习明天的课程；22—23点，阅读2页名著。

周二：上午8—12点，上课认真听老师讲课，尽可能做好笔记，利于课下复习；下午14—17点，做古代汉语作业；19—21点，上晚自习，复习白天学习的课程，预习明天的课程；22—23点，阅读2页名著。

周三：上午8—12点，上课认真听老师讲课，尽可能做好笔记，利于课下复习；下午14-17点，研读《现代美学》；19-21点，上晚自习，复习白天学习的课程，预习明天的课程；22—23点，阅读2页名著。

周四：上午8—12点，上课认真听老师讲课，尽可能做好笔记，利于课下复习；下午14—17点，研读《逻辑学》；晚上19—21点，上晚自习，复习白天学习的课程，预习明天的课程；22—23点，阅读2页名著。

周五：上午8—12点，上课认真听老师讲课，尽可能做好笔记，利于课下复习；下午14—17点，研读《现代汉语》；晚上19—21点，上晚自习，复习白天学习的课程，预习明天的课程；22—23点，阅读2页名著。

以上是周一至周五的时间安排，也是一个初步的分配，其余的零散时间作为一种机动时间，视情况而定。至于周六、周日，采取劳逸结合的方式，周六外出游玩，晚上23—24点，复习。周日：看电影、学习、待在寝室。

对于这第十四周的学习计划，张雪作出这种计划和安排。一份计划看它好不好，关键在于执行，执行力是最重要的。因此，张雪决定要好好地去执行自己所作的计划，每天检查自己是否完成了。

有的人把工作当成享受，他们觉得双休日可以完全由自己支配，一天效率是平时工作的两倍，这样一来，每年生命便延长至469天。而那些不善于利用时间的人呢，周末懒惰了下来，周一还得重新鼓动，一年生命还不到261天。

在制订一周时间计划表之前，我们需要统计非工作的活动以及这些活动所占用时间的总量，千万不要去占这些时间来工作，比如吃饭、睡觉等时间，家务及其他活动时间，周六、周日晚上，用来社交或娱乐活动的时间。对于这些时间，我们需要做到心中有个大概，而且不安排这些时间让自己做事。记住，这个步骤很重要。之所以不要把这些时间用来工作，也是为了更有效率地做事。否则，工作之外的诱惑力肯定会占了上风，若你不得不强迫自己把这些非工作时间用来工作，那效果也不会很大，就等于做了无用功。

一周时间计划表可用于工作的时间及其分配，把计算出的工作时间量分配到一周的每一天中去，并做出每个周工作时间表。坚持作时间记录，观察时间利用的数据，可以让人更容易感受到时间的流逝，更善于客观地安排时间计划，因此比较容易提升自我。

不过，我们还需要注意这几个问题：

1. 确定最佳时间段

确定一天之内哪段时间你的感觉最好，大脑最敏捷，将这段时间用在工作上。因为生理条件和生活环境、习惯的不同，人们的生活节奏也往往是不相同的。有的人工作的最佳时间是在上午，有的人是在下午，还有的

人感觉晚上做事效率最高。因此，在了解自己的最佳时间段之后，将最重要的事情放在最佳感觉时间去做，往往能取得高效率的回报。

2. 休息时思考

在下班之后，我们应努力做到休息时思考。这段时间十分特殊，我们的思路依然围绕在先前的个工作上，工作的内容自己也还很清晰，方案和例子也都记得比较清楚。这可以说是做事效果最佳的黄金时间，这时技巧很容易记住且易于应用，而我们的理解力和记忆力也可以由此得到加强。当然，最重要的是检查。你可以制作一张自我监督表，并把这张表贴在墙上或夹在笔记本里，至少保存三个星期。

3. 避免连续工作两个小时

在工作过程中，我们要避免连续工作超过两个小时而不中断，应该安排半小时的休息时间。研究表明，人们采用工作－休息－工作的方式，比工作－工作－工作的方式效率高。做事也是一样的道理，一直不停地工作不一定能达到预期的效果，中途适当休息一下才是最好的工作方式。所以，在连续工作超过两个小时之后，我们应该从座位上站起来，伸伸懒腰，捶捶腿，吃点东西，或者向远处看看，转移一下自己的注意力，同时也让我们的眼睛得到休息。

小贴士

精确记录一周的时间表，看一周的时间分配情况。把每一天从早到晚每个时段所做的事都记在笔记本上，具体到分钟，这样的记录会让时间利用效率大大提高。当你每天看这些记录，就会有一种充实感和成就感。

最后通牒效应，设定最后期限

最后通牒效应启示我们：设定最后期限，你的效率会更高。许多人都有做事拖沓的习惯，他们常常会因为贪玩而误了作业，问其原因，他们还会搬出很多借口。其实，有这样的习惯对人们的未来是相当不利的，虽然习惯不能决定一切，但一定程度上会影响人们做事的效率和风格，尤其是对于年轻人来说，一个小小的习惯有可能会造成一生的阻碍。

中午，林妈妈打电话回家，问小虎作业完成得怎么样了，小虎兴奋地告诉妈妈“马上就写完了”。晚上妈妈回家了，小虎却不好意思地跟妈妈说：“我下午多看了一会儿电视，作业没有写完，但没有多少了，明天玩了回来也可以写的。”妈妈太了解小虎了，明天回来他也会说累了不想写，因此，妈妈很生气：“昨天晚上和今天早上，你都向妈妈作了保证，今天的作业必须写完，不能拖到明天，既然你今天的事情没有做完，那么晚上继续写。你如果不写，那么明天去公园的计划就取消。”看着妈妈这样严厉，小虎晚上加班写完了作业，第二天妈妈也兑现诺言带他去了公园。

从这一次之后，小虎明白了，做任何事情都不能拖沓，今天的事情必须今天做完，否则就会影响到明天的事情。其实，早在以前，妈妈就意识到了小虎的坏习惯，那就是做事喜欢拖拖拉拉，问他为什么没有完成，他就找借口，林妈妈觉得这样的习惯很不好，于是采取最严厉的方式让小虎改掉了坏习惯。现在，小虎每天都会把该写的作业做完，假期的时候，还会提前写完作业，这样他就有更多的时间来玩耍了。不仅如此，小虎还成了爸爸和妈妈的监督者，当爸爸和妈妈宣布今天要完成哪些事情后，如果他们没有完成，小虎就会搬出妈妈的理论来监督他们。在监督爸爸妈妈的

过程中，小虎也明白了“今日事今日毕”的重要性，开始学会克制自己的惰性和贪玩心理。他把那句名言贴在自己的房间，以此来勉励自己。

孩子为什么做事拖沓，为什么不能主动规划本来属于自己的事情？主要原因在于父母把所有事情都做好了，孩子一旦形成依赖性，就会养成做事拖沓的习惯。而且根据孩子以往的经验，一旦自己做不好事情，身边总有父母急着指责，这时孩子们就索性说：“我就是不会做，你全替我做了吧。”

1.短时间训练

给自己一分钟，做题、写汉字、写数字，通过这些训练让自己体会到时间的宝贵，原来一分钟可以做很多情，从而懂得珍惜时间。当然，在这个过程中，可以渐渐地通过奖励积分制度引导自己主动参与，毕竟开时始兴趣，后面玩就不新鲜了。因此，不妨给自己设定一些小目标去挑战，不断激励尝试。

2.多鼓励自己

有人做事磨蹭的时候，旁边的人喜欢喊、不断催促，结果越催他动作就越慢。反之，如果一个人做事情速度快，旁边的人就表扬。事实上，应该多鼓励自己，尽管自己有做得不足的地方，也可以通过适当的鼓励，激发自己内在快的动力。

3.给予自己一些自由的时间

许多领导习惯把下属的时间安排得紧紧的，当下属完成布置的任务后，领导还会安排其他的诸如写文案、策划，等。这时下属也会感觉到，只要自己有空闲时间，领导就会安排任务。那下属在做工作时就会边写边玩，这样就会拖很长时间。

4.训练生活习惯

应该给自己规定时间，要求自己在规定时间内完成要做的事情。比如，和同事比赛做方案，看谁的速度快，在比赛之前先熟悉写方案的技能，如此循序渐进地训练。

5.让自然后果教育自己

如果做事经常磨蹭、拖拉，什么时候都需要身边人催促，那可以试着不去理会这样的情况。例如，既然喜欢睡懒觉，就睡好了。绝大部分人的自尊心都很强，如果因为睡懒觉而迟到了，被老板当众批评，自然会感到很羞愧。时间长了，也就改变了拖拉的坏习惯。

小贴士

有的人做事情拖拉或者磨蹭，有自身的原因，也有外来因素的影响。比如，贪玩、受到不应有的干扰、因问题难以解决而犯愁犹豫，这些都可能造成拖拉、磨蹭的习惯。无奈不如行动，花心思找出原因，对症下药，就能改变自己拖拉的习惯。

20 秒规则，直截了当地行动吧

有了计划之后，那就坚持20秒规则，直截了当地行动吧！别总是给自己留后路，告诉自己“以后还有机会”“时间还有大把”，一旦制订好了计划，就没有了后路，唯一的出路就是马上行动。

想太多，不如做了再说

有人说自己是一座宝藏，挖掘得越深，获得的越多。也有人说，自己是一匹奔腾的野马，重要的不是学会怎样提速，而是控制自己。

人有各种各样的优缺点，也有一种惰性，这种惰性经常导致计划落空。人在计划落空时又很容易形成新的计划，而新计划其实是旧计划的翻版。结果就是，一项计划翻来覆去总没有结果。这是十分悲哀的事情。成就一番事业必须雷厉风行，要有一种魄力，说干就干，一点也不拖延。这是成就事业的一种品格。

朗费罗说："我们命定的目标和道路，不是享乐，也不是受苦，而是行动。"胸有壮志宏图，但若不能付诸实施，结果只能是纸上谈兵，毫无实际意义。

拖延是一种坏习惯，会让人在不知不觉中丧失进取心，阻碍计划的实施。一个人一旦进入拖延状态，就会像一台受到病毒攻击的电脑，效率极低。拖延最常见的表现就是寻找借口。虽然目标已经确立了，却磨磨蹭蹭，像个生病的羔羊，没有一点精神。不论什么时候，他总能找到拖延的理由，计划当然一拖再拖，成功则遥遥无期。

安尼瓦尔是一名销售员，他为自己制订了一个完整的销售方案。他第一天到公司上班的时候，没有去做销售工作，而是在办公室里听歌，他

觉得他的销售方案太完美了，不用那么急着去做工作。第二天他仍然没有去做销售，他对自己说，我是学营销专业的，销售对我来说太简单了，不用急。结果一个月过去了，他没有一点销售业绩，老板只好把他开除了。但是老板很惋惜，因为他的销售方案确实非常完美，只是他没有立刻去执行。

对于一个人来说，拖延会带来什么灾难性的后果呢？对一个渴望成功的人来说，拖延将成为制约他取得成功的桎梏。在公司没有一个老板喜欢有拖延习惯的员工，在家里没有一个妻子喜欢有拖延习惯的丈夫。

社会学家卢因曾经提出一个概念，叫“力量分析”。他描述了两种力量：阻力和动力。他说，有些人一生都踩着刹车前进，比如被拖延、害怕和消极的想法捆住手脚；有的人则是一直踩着油门呼啸前进，比如始终保持积极、合理和自信的心态。

刚开始，哈里仅仅是一名美国海岸警卫队的厨师。一个偶然的机会，他为同事代劳了写情书这件事，然后他逐渐喜欢上文字写作。

有了浓厚的兴趣，哈里开始给自己制定目标：花1—3年的时间写一本长篇小说。说干就干，他马上行动起来，每天不间断地写东西，不知道疲倦。把写好的文章寄发给各大杂志报社，希望能够得到人的认可。

八年之后，哈里一篇仅有600字的作品终于在杂志上刊登了。然而，他并没有对此灰心丧气，而是希望能在这件事上坚持到底。工作退休后，他每天坚持写作，稿费很少，他的欠款却越来越多。虽然这样，哈里依旧怀揣着当初喜欢写作的心情，朋友们表示不理解，纷纷劝导：“请忘掉作家梦吧。”甚至还帮他介绍了一份工作。不过哈里却说：“我需要不停地写作，因为我依然喜欢，而且我想成为一名真正的作家。”

四年之后，哈里的小说《根》终于面世，在当时引起了大轰动，光

是在美国就发行了530万册。后来，这部小说还被改编为电视剧，有超过13000万的观众看过这部电视剧，在当时创下了电视剧收视率的历史最高纪录。

哈里终于成为著名作家，不仅收入超过500万美元，而且获得了普利策奖。

所以，有了目标后，最重要的就是放弃任何借口，立刻将它付诸实施，并且坚持到底。我们常说，千里之行始于足下，就是要求我们行动起来，将心中的梦想通过行动变成美好的现实。如果只是因为自己有一个美好的梦想就沾沾自喜，而忘记了行动的力量，那么无论天上的星星有多么漂亮，你也不能把它捧在手中；无论对岸的风景有多么诱人，你也不能亲眼目睹；无论海中的贝壳有多么美丽，你也不能够把它挂在你的胸前。

那么，拖延心理是怎么产生的呢？

1.潜在的恐惧心理

许多恐惧是我们意想不到的，许多人明明对一些事情充满着恐惧却不清楚自己到底在害怕什么，有的人声明自己并不害怕却一直在逃避某些事情，这些就是潜在的恐惧心理。有的人越是逃避，越是害怕，为了逃避这些，只能慢慢拖延，比如，害怕繁重的工作，于是早上不想起来，总觉得有一种畏难情绪。

2.时间作息混乱

通常拖延症患者的时间作息表都是混乱不堪的，比如盲目乐观地估计自己的能力，他会想在睡前加班将工作完成，事实上他根本不清楚知道自己是否能顺利完成；恐惧确切的时间和时间，有的人十分恐惧时间，比如总是等到主管催了一次又一次，才会交上自己的工作任务；没有具体的规划，拖延症患者根本不知道自己完成一件事情需要多久，也没办法说出自

己的具体计划，他们总是想捍卫自己的自由，甚至想逃避时间的控制。

3.对最后期限的恐惧

拖延症患者行为与心理的矛盾表现为：一方面他们害怕时间不够用，担心没有时间；另一方面他们不到最后一刻决不采取行动，几乎不能提前开始行动。哪怕是之前开始行动，也没办法坚持下去。对于大部分喜欢拖延的人而言，他们的心路历程就是这样。

4.追求完美犹豫不决

有的人喜欢追求完美，当他们在做一件事情的时候，总是犹豫不决，改来改去，临到紧急关头也拿不定主意，无法做出决断。这些问题导致他们对自己应当做的行为一拖再拖。

你是否有这样的表现呢？今天的事拖到明天做，六点钟起床拖到七点再起，上午该打的电话等到下午再打，每天要写的文章攒到最后时刻写，今天要洗的衣服拖到明天再洗，这个月该拜访的朋友拖到下个月。如果你有这些表现，那么你是一个十分拖延的人，应该立刻改掉这个坏习惯。

完成目标，马上行动

曾有人问一个做事拖拉的人：“你一天的活是怎么干完的？”这个人回答说：“那很简单，我就把它当作昨天的活。”这就是拖沓的习惯。其实，拖沓岂止是把昨天的活拖到今天来干，有人给拖沓下的定义为：把

不愉快或成为负担的事情推迟到将来做，特别是习惯性这样做。一个做事拖沓的人，生活中大部分都在浪费时间，做一件事也需要花很多时间来思考，担心这个或担心那个，或者找借口推迟行动，但最后又为没有完成目标任务而后悔，这就是“拖沓者”典型的特点。拖沓对于成功来说，是一块讨厌的绊脚石，拖沓的习惯会阻碍目标任务的完成。所以，要想获得成功，就需要立即向目标奋进，拒绝拖沓。

说到拖沓的习惯，相信许多人都不陌生，因为在平时生活中，随处可以见到它的身影。在该工作的时候上网冲浪，总是对自己说：“明天再去做吧。”但是，正所谓“明日复明日，明日何其多”，在拖沓蔓延的过程中，我们错过了许多完成目标的机会。

1.做完事情再玩

假如你觉得自己蛮有工作能力，可以在很短的时间内将比较困难的事情做完，那就应该在接到工作任务时马上动手做，这样你完成事情之后就可以玩得更开心，而不是在玩时总想着工作的事情。

2.给自己定期限

即便你认为时间的紧迫感可以令自己发挥水平，也需要给自己制定一个期限。假如你曾经有过几次临时抱佛脚的经历，却屡遭失败，那最好还是不要尝试这种方法。

3.学学时间管理

如果你经常被琐事烦恼，那就应该学会时间管理，最简单的方法就是要明确自己的目标，经常想想这件事不做对自己以后有什么影响。当你有了时间管理观念之后，往往能够及时地完成事情。

通常来说，一个人成就的大小取决于他做事情的习惯，克服拖沓是做事情的一个重要技巧。我们要想完成既定目标，取得成功，就应该培养做事不拖沓的习惯，通过逐渐学习“吃掉那只青蛙”，不断地重复。一旦养成了这个习惯，“完成目标，马上行动”就会成为一件自然而然的事情。

先解决你认为最重要的事情

1897年，意大利经济学家帕累托从大量具体的事实中发现：社会上20%的人占有80%的社会财富，即财富在人口中的分配是不平衡的。所以，二八定律成了许多不平衡关系的简称。一个人的时间和精力都是十分有限的，若想真正“做好每一件事情”几乎是不可能的，要学会合理分配时间和精力。

时间观念的改变，会使一个人的生活更丰富、更充实，在管理时间、利用时间的过程中，你的做事效率必定会有一个很大的提升。时间对于每一个人来说，都是无法挽留的，它就像东逝之水，一去不复返。

全美事务公司的创办人亨瑞·杜哈提说：“不管我出多少钱的薪水，都不可能找到一个具有两种能力的人。这两种能力是，第一，能思想；第二，能按事情的重要次序来做事。”根据这么多年的经验，我意识到永远按照事物的重要性次序做事并非那么容易。但是，假如制订好计划，先做计划上的第一件事，那绝对比你随便做事情要有效果得多。

查尔斯·卢克曼成功的秘密，在于他同时兼具亨瑞·杜哈提所说的几乎不可能同时具备的两种能力。从卢克曼记事开始，他每天早上5点钟起床，因为在那个时间段他的头脑比其他时间都清楚。这样一来，卢克曼可以比较准确地计划一天的工作，按照事情的重要程度来安排做事的先后顺序。

就这样，卢克曼最终在12年里由一个初出茅庐的小伙子，一跃成为派索登公司的总裁，年薪10万美元，此外还有100万美元的分红进账。

萧伯纳也曾经拟订了计划，每天写作至少5页，即便是在最贫穷的那段日子，他依然坚持完成每天5页的工作量，就这样他写了9年。尽管9年里他只赚到了30美元，大约每天只赚了1美分，不过他却成为举世闻名的戏剧家。假如他不是按照事情的重要程度来安排做事的先后顺序，那他估计只会成为银行出纳而非戏剧家。

富兰克林·白吉尔也是因为坚守这个良好的习惯，所以赢得了成功。他堪称美国最成功的保险推销员之一。他不会像卢克曼一样早晨5点才计划自己当天的工作，他往往会提前一天就计划好，甚至为自己定下一个目标——每天卖掉多少保险。假如这个目标没有完成，那差额就累积到第二天，就这样以此类推。

美国钢铁公司前董事豪厄尔，认为工作时最令人头疼的事情就是开会，好像每一次开会都需要商讨大半天，有时候甚至是一天。尽管每次开会都会商讨一些事情，但是往往开一天会下来也无法达成决议。最后，大家都很疲惫，却不得不将会议上的资料带回家继续研究。

豪厄尔觉得这种无效的会议是不妥当的，既浪费时间，又浪费精力。后来，他想到了一个绝妙的主意，那就是每次开会只讨论一件事，之后得出结论，不拖沓，不浪费时间。当然，开一次会议需要准备很多资料，但

是一定要达成一个决议，在开始讨论下一个问题之前。公司董事会听从了这个方法，并按照这个方式开会，结果大大提升了开会的效率，带来的改变也是非常有效的。

在后来的会议上，曾经的那些悬而未决的问题全部有了结果，再也没有未完成的工作。开会结束后，董事们可以轻轻松松，再也不用带资料回家，心情轻松了，工作效率也有所提升。

确实，这真是一个绝妙的方法，不但适用于美国钢铁公司的董事会，也同样适用于生活中为工作烦恼的我们。

1.把工作分类

工作大致可以分两类：一种不需要思考，可以直接按照熟悉的流程做下去；另一种必须集中精力，一气呵成。对于这两类工作，所采用的方式也是不同的。对于前者，你可以按照计划在任何情况下有序地进行；而对于后者，必须谨慎地安排时间，在集中而不被干扰的情况下进行。

2.定时完成日常工作

每天都需要做一些日常工作，比如打扫卫生，保持一个良好的工作环境；查看电子邮件，与同事或上司交流；浏览网页等。那么，每天预定好时间集中处理这些事情，通常安排在上午或下午开始工作的时候，而在其他时候就不要做这些事情了。

3.及时寻求帮助

对于熟悉的工作和操作，需要加快速度，保质保量完成。对于自己工作中不太熟悉的技能和工作，及时向同事或上级寻求帮助，以加快工作进程。

当一天结束时，时间不会留作明天待用。一个想要有所作为的人，必须学会有效地安排时间，有效地利用时间，更为重要的是优化自己的时间观念，提升自己的做事效率。

做事始于心动，成于行动

生活中，我们总是有希望而不去抓住，有计划而不去行动，坐视各种希望和计划慢慢地离我们远去。行动就是力量，一万个空洞的说教远不如一个实实在在的行动。如果你真的下定了决心并且立刻去做一件事，你的梦想往往会实现。

成功者的成功，要么给普通的人以莫大的成功动力，要么给他们以莫大的压力。成功者都是普通的人，唯一的差别在于他们比普通人多做了某些事情，于是他们成功。你之所以还仅仅在幻想成功，是因为现状还没有将你逼上绝路，你还混得下去。篮球场上得分最多的人一定是投篮次数最多的人，同时也是投篮而没有进球的次数最多的人。大量的行动可能包含大量的失败，但同样包含大量的成功。重要的不是有多少次失败，而是得到了多少次成功。

机会稍纵即逝，所以，要把握时机确实需要眼明手快地去“捕捉”，而不能坐在那里等待或因循拖延。西谚说：“机会不会再度来叩你的门。”徘徊观望是我们成功的大敌，许多人都因为对已经来到面前的机会

没有信心，而在犹豫之间把它轻轻放过了。“机会难再”，即使它肯再来，光临你的门前，但假如你仍没有改掉你那徘徊瞻顾的毛病，它还是照样会溜走。

我们每个人或多或少都存在着“拖延”这一不良习惯。拖延是一种危害人成功与发展的恶习，是可怕的精神腐蚀剂。试想一下，如果你拖延了一件事，那必定要占用之后处理其他事情的时间，如此积累，你将拖延多少事，浪费多少机遇，造成多大的损失呢？不仅如此，拖延的习惯还会滋长人的惰性，一旦产生了惰性，人便失去了前进的动力。拿破仑因为迟到了一分钟而导致兵败滑铁卢，我们又会因为拖延失去什么呢？

“决不拖延”就意着高效率的工作，是在相应的时间处理相应的事。拖延是一种顽固的恶习，但绝不是不可改变的天性。一旦你摈弃了拖延的坏毛病，那你就等于成功了一半。

人生所有的理想和目标都是在付诸行动后才实现的。如果不行动就不会有任何收获。因此，当你有一个好的计划时，应立即开始做，只有在做的过程中才能发现问题，才能具体解决，才能把梦想最终变为现实。当你的决心燃起心灵冲动的火花时，你就要想尽一切办法去实现你的愿望；而一旦你的梦想变为事实时，你的自信心便会增强，会促使你在下一次行动时更得心应手，这样就形成了良性循环。

1.快速行动

即便你具备了知识、技巧、能力、良好的态度与成功的方法，懂得比任何人都多，你也可能无法成功，因为你还没有要行动。即便你行动了，也不一定会成功，因为你太慢了。在现代社会，行动慢，等于没有行动。你只有快速行动，立刻去做，比你的竞争对手更早一步知道、做到，你才有成功的机会。

2.快速执行计划

人生总是有好多的机会到来，但总是稍纵即逝。我们当时不把它抓住，以后就永远失掉了。有计划没有什么了不起，能飞快地执行定下的计划才算可贵。成功的人生就是持续不断地向自己发出闪电般的挑战，恒久追寻生命最为壮丽的美好未来。成功的重要秘诀就是，在最短的时间内采取最大量的行动。

小贴士

机会来临时不要犹豫，马上行动，这是你走向成功的必经之路。比尔·盖茨说："你不要认为那些取得辉煌成就的人有什么过人之处，如果说他们与常人有什么不同之处，那就是当机会来到他们身边的时候，立即付诸行动，决不迟疑，这就是他们的成功秘诀。"

将怨气付诸实际行动

英国著名作家奥利弗·哥尔德斯密斯曾说："与抱怨的嘴唇相比，你的行动是一位更好的布道师。"面对生活里的一丁点不如意，人们最普遍的习惯是抱怨，不停地抱怨，抱怨父母不理解，抱怨社会太现实，抱怨朋友的欺骗，于是，抱怨成了一种习惯。然而，那些不如意的事情、悬而未决的事情并没有得到真正的解决，自己的情绪反而因为抱怨而陷入了恶性循环，这就是抱怨所带来的负面影响。我们所生活的世界每天都在发生变化，关键的是，我们自己给这个世界带来了什么样的变化？

从前，有一位年老的印度大师，在他身边有一个喜欢抱怨的弟子。有一天，印度大师让这个弟子去买盐，等到弟子回来后，大师吩咐这个喜欢抱怨的弟子抓一把盐放在一杯水中，然后喝了那杯水，弟子按照师傅的吩咐一一做了，大师问道：“味道如何？”龇牙咧嘴的弟子吐了口唾沫，说道：“咸！”

大师一句话没说，又吩咐弟子把剩下的盐都撒入了附近的一个湖里。听从师傅的吩咐，弟子将盐倒进湖里。大师说：“你再尝尝湖水。”弟子用手捧了一口湖水，尝了尝，大师问道：“什么味道？”弟子回答说：“味道很新鲜。”大师继续追问：“那你尝到咸味了吗？”弟子回答说：“没有。”这时，大师才微微一笑，说道：“其实，生命中的痛苦就像是盐，不多，也不少，在生活中，我们所遇到的痛苦就这么多，但是，我们体验到的痛苦程度取决于将它放在多大的容器里。所以，面对生活中的不如意，不要成为一个杯子，老是抱怨，而要成为湖泊，去包容它，通过实际行动来改变自己的现状。”弟子若有所悟地点点头。

什么是抱怨呢？有人说这是一种宣泄，一种心理平衡，似乎抱怨可以将那些不如意的事情发泄出来。每天，每个人可能都会面对许多不如意的事情，如果只是一时抱怨，这还可以接受；但是，有时候，抱怨久了就会形成习惯，而抱怨的根源是对现实的不满意。

王小姐是公司负责企划案的经理，最近，她手头刚刚接了一个企划案，需要另外一个部门的配合才能有效地执行方案。可是，令王小姐感到苦恼的是，自己的搭档因为觉得所附加的工作量太多，不愿意去做，还责怪王小姐：“我最近都很忙啊，你拿这样的企划案来找我，真是没事找事。”王小姐心中一肚子怒火，忍不住找同事抱怨：“咱们都是为工作，我们行，她怎么就不行呢？”说着说着，王小姐发现自己的怒火越来越

大，甚至一看见那个部门的员工，心中的火气就“腾”地一下冒起来了。

不过，事情并没有解决，王小姐意识到这根本不能解决问题，自己需要沟通。她心想：抱怨毕竟只是发泄，解决不了问题，既然是为了工作，那就要对事不对人，我得找她沟通去。后来，王小姐找了一个机会把自己的意图跟工作中的搭档解释了一下，对方竟欣然接受了即使加班也要完成工作的要求。工作任务完成之后，王小姐长长舒了一口气，说道：“如果当初我继续抱怨下去，就会影响我跟她继续合作的情绪，工作肯定完成不了，看来，以后我得少抱怨多行动才行哪！”

有时候，我们在工作中会遇到一些人际麻烦，有的人的处理方式是跟其他人抱怨，这无疑是制造了一个“三角问题”：自己和工作搭档有问题，却和另外一个人去讨论这些事情。事实证明，一味地抱怨根本解决不了问题，改变事情现状最有效的方式是行动，只有行动才能改变事情。所以，请停止抱怨、放弃抱怨，立即开始行动吧！

从前，在魏国东门有个姓吴的人，他的独生儿子死了，可是，他看起来一点都不伤心，每天仍早出劳作，快乐自在。有人对此感到不解：“你的爱子死了，永远也见不着了，难道你一点也不悲伤吗？”那位姓吴的人却回答说：“我本来没有儿子，后来生了儿子，如今儿子死了，不是正和我以前没有儿子时一样吗？每天那些农活依然是我的工作，我又何必去忧伤呢？花费时间去伤心，不如将这样的精力投入到实际行动中来。”

1.过分抱怨会令人丧失行动力

阿尔伯特·哈伯德曾说：“如果你犯了一个错误，这个世界或许将会原谅你；但如果你未做任何行动，这个世界甚至你自己都不会原谅你。”抱怨，它只是一种语言，而不是行动，当一个人过多地被语言困扰的时候，他会失去行动力。当然，将抱怨转化为动力，我们还需要拥有广阔的

胸襟，只有看透了抱怨的实质，我们才有可能将怨气化为动力。

2.行动比抱怨更有效

来到这个世界上，面对生活中的诸多不如意，我们只有两个选择，要么接受，要么改变。抱怨会成为我们接受事实的一个阻碍，我们总是想到：这件事对我是不公平的，这样的事情怎么会发生在我的身上呢？我怎么能接受这样的事情呢？由此，一种强烈的倾诉欲望开始萌发，我们要去对别人诉说，以此证明我们的无辜和委屈，于是，在我们抱怨的时候，我们已经失了去改变这件事的机会。当我们无休止抱怨的时候，为什么不去想想比抱怨更好的解决方法呢？

小贴士

对于大多数人来说，每天所做的最多的事情就是抱怨这样或那样，这些情绪会逐渐形成负面的改变。对此，心理学家认为，学会关注他人，尊重他人，为其提供礼貌、周到的服务，则会形成积极的改变。所以，停止抱怨，将这样一种怨气化解于实际行动中吧！

正念训练，率先做好当下之事

正念，是以不判断或完全接纳的方式将注意力集中于当下体验，是一种灵活的意识状态，它包括以开放和接纳的态度去关注并觉知个人的内在和外在世界。简而言之，正念就是活在当下，率先做好当下之事。

用正确的方式做事是一种能力

时间观念的改变，会使一个人的生活更丰富、更充实，在管理时间、利用时间的过程中，你的做事效率必定也会有一个很大的提升。时间对于每一个人来说，都是无法挽留的，它就像东逝之水，一去不复返。当一天结束时，时间不会留作明天待用。一个有所作为的人，必须学会有效地安排时间，有效地利用时间，更为重要的是优化自己的时间观念，提升自己的做事效率。

高效率意味着高投入，没有投入就没有产出，低投入只能带来低产出。对大脑的投资是一种决定命运的投资，只能以最大最优先的投入对待。对大脑的投资也是一种产生最大效率和最大收益的投资，永远不会亏本。明白了这个道理，你才能拥有正确的时间观念，才会有获得财富和社会地位的能力；你才能获得比别人更高的效率，你才能跑在赛道的最前面。

成功的优势是：知识和能力上很小的一点差距就能够带来迥然不同的结果。在其中，对于时间观念的正确认识，对于做事效率的掌控是人与人之间能力和知识差别的重点。投资大脑，为未来准备知识，知识和经验能使你在新的形势中迅速找出规律，你找出规律越多，你的效率提升越快，你在各种情况下作出抉择、采取行动的速度就越快，你的时间也就节省得

越多，这就会使你迅速走入成功者的行列。

1.改变不良习惯

一些成功的企业家告诫年轻人，有什么样的思想观念，就有什么样的工作效果。不断地更新观念，不断分析自己、认识自己、提高自己，才能改变不执行和浪费时间的不良习惯，提高整个企业的运转效率，自动自发地做好本职工作。

2.找到提高效率的方法

在这个世界上，做同一种工作的人不计其数，做同一种工作的方法更是数不胜数，其中不乏效率高的方法。这就需要自己去寻找、去借鉴。在这个追求高效率的社会里，抓不住效率的绳索，就会被高效率的机器甩出十万八千里。没有效率意味着被淘汰，不投资大脑也就意味着没有效率。

3.具备执行力

提高做事效率，其中重要的一项是提高执行力。要提高执行力就要做到加强学习，更新观念。日常工作中，我们在执行某项任务时，总会遇到一些问题。而对待问题有两种选择。一种是不怕问题，想方设法解决问题，千方百计消灭问题，结果是圆满完成任务；一种是面对问题一筹莫展，不思进取，结果是问题依然存在，任务也不会完成。反思对待问题的两种选择和两种结果，我们会不由自主地问道：同是一项工作，为什么有的人能够做得很好，有的人却做不到呢？关键是每个人思想观念认识和对待时间的态度。

小贴士

萧伯纳说：“世界上只有两种物质：高效率和低效率；世界上只有两种

人：高效率的人和低效率的人。”如果你不想做一个低效率的人，你就需要获得比别人更多的知识、方法和思维。只有找到世界上最有效率的方法，你才能赢得世界的尊重和梦寐以求的财富。

不做则已，做则一定要做好

一个人或是一个企业，无论是做人、做事、做产品，都一定要做到精益求精，好的同时还要求更好，只有这样机遇才可能垂青于你，成功才可能离你越来越近。一个人做自己要做的事应该有这样的态度：要么不做，要做就做到最好。对成功的期盼来自四个字——精益求精，这就是渴望取得成功这一心理的根源所在。正如温斯顿·丘吉尔所说：“唯尽善尽美者为上。”

尽管我们不能把每件事情做到尽善尽美，但在做事的过程中一定要精益求精。做事精益求精，不但能够提高自己成功的概率，还可以使自己的才能迅速获得进步，学识日渐充实，最终提升自己的人生品位。虽然我们只是普通人，但我们要站得更高一些，这样，人生的视野才会更开阔，才会树立起大局意识，遇事才能够站在理性的角度去考虑，从而把事情做得更好。

你竭尽全力了吗？这句话是卡特总统一生的座右铭。正因为他每件事都竭尽全力，所以后来成了美国总统。

在卡特24岁时，他还是一名海军军官，当时他应召去见海曼·李科弗将军。尽管在正式谈话之前，李科弗将军让卡特可以随意选择愿意谈论的话题，而卡特选择了自己擅长的话题，不过李将军的提问依然把卡特问到

了，他感觉直冒冷汗。

即将结束谈话时，李科弗将军问道：“你在海军学校的学习成果怎么样？”卡特马上自豪地说：“将军，我们一个班820人，我名列59名。”李科弗将军皱了皱眉，问：“为什么你不是第一名呢，你确定你竭尽全力了吗？”

卡特终于开始明白：自己自认为懂得了很多东西，其实还远远不够。

在变得优秀之前，你只能把事情做得很好，只有变得优秀，你才会把事情做得更好，一个人不经过砺炼是成不了大才的，这是一条真理。一个平庸的人永远不会把事情做到最好。而一个人若只用平庸的标准来要求自己，却又想名垂千古——这不是痴心妄想吗？世上最有成功希望的人，无不有着勤劳自信、精益求精的可贵品质。在做事情的时候，如果养成了马马虎虎的习惯，那么所有的能力、天分、智慧、独创力都很难发挥作用，并且可能将会因此而逐渐消失。做事严谨、精益求精的人，不管走到何处，做什么事情，都可能受到别人的欢迎。

一件精美的玉器，就是雕琢玉器的人的品牌。顾客拿到这件精美的玉器，就会联想起雕琢者精益求精的工作态度。送礼时，顾客“爱屋及乌”，就会由对精美玉器的喜爱，转为对雕琢者的崇敬。你也许并不经营商店，但出自你手的每一个零件、每一首诗、每一个方案，都是你的“商品”，你不应该容忍在自己伟大的生命织锦中存在低劣易断的丝线。你所做的一切都应该代表着优秀，代表着卓越，应该让所有的人知道，你的作品不是漫不经心的潦草之作，而是完美的杰作——无论是你自己，还是别人，都不可能做到比这更出色了。

不管从事哪种职业，你都应该尽心尽责，尽自己的最大努力，求得不断的进步。换句话说，尽善尽美应该成为我们孜孜以求的目标。只有这

样，追求完美的念头才会在我们的头脑中变得根深蒂固，在人生的各个方面体现出来。无论从事什么职业，都应做得尽善尽美。

拥有超过20年足球生涯的贝利被誉为世界球王，他曾参加过1364场比赛，一共踢进1282个球，并创下了一个人在一场比赛中踢进8个球的纪录。

卓越的球技为他赢得了无数的粉丝，哪怕球场上的对手也向他竖起大拇指。事实上，贝利不仅球技很好，而且对自身要求相当高。

就在贝利进球纪录达到一千个时，有记者提问："在你过去20多年的足球生涯中，哪个球踢得最好？"贝利笑着回答说："应该是下一个。"正因为对自己有很高的要求，所以，他才成为了球王贝利。

尚可的工作表现人人都可以做到，只有不满足于平庸，才能追求最好，你才能成为不可或缺的人物。没有人可以做到完美无缺，但是，当你不断增强自己的力量、不断提升自己的能力的时候，你对自己要求的标准会越来越高，这本身就是一种收获。

1.做事认真、迅速周到

随便你去问哪一位雇主，他们都会告诉你，如果他要提拔一名员工，他肯定会挑选做事认真、迅速周到的人。他们绝不会看中那些拖拉懒惰的人。人类的历史，充满了苟且与不小心所造成的种种悲剧。失败的最大祸根，就是从小养成敷衍了事的习惯，而成功的最好方法，就是把任何事情都做得精益求精、尽善尽美，让自己经手的每一件事都贴上"卓越"的标签。

2.追求卓越

追求卓越像是一块坚强厚重的磨石，它会砥砺你，把你的工作带到最完美的境界。也许十全十美永远难以企及，但是，只要你是在不停地追求，你就不会在原来的起点原地踏步。超越平庸，接近完美。这是一句值

得每个人铭记一生的格言。有无数人因为养成了轻视工作、马马虎虎的习惯，以及对手头工作敷衍了事的态度，终致一生处于社会底层，不能出类拔萃。

3.以高标准要求自己

从平庸到优秀只有一步之遥，但有的人终其一生也无法跨越。只有当你选择了优秀，你才能做到卓越。有了尽最大的努力把事情做好的志向，不断对自己提出严格的高标准，你才会赢得别人的尊敬，做出令人吃惊的成绩。

小贴士

不论你从事何种职业，都要做到尽心尽责，要尽自己的最大努力去不断进步。只有这样，追求完美的念头才会在我们的头脑中变得根深蒂固。

做事不能只有“三分钟热情”

有人问著名的组织学家聂弗梅瓦基为什么一生都花在研究蠕虫的构造上，聂弗梅瓦基回答说：“你可知道，蠕虫这么长，而人生却这么短。”的确，一个人的生命是有限的，而科学研究是无止境的。简而言之，如果你想获得事业的成功，就必须持之以恒，甚至付出毕生心血，对于成功而言，恒心就是力量。

在人类历史的长河中，那些卓有成就的人都是这样成功的。宋代司马光编写《资治通鉴》，历时19年才截稿，但那时他已经是老眼昏花，不久

就去世了；明代李时珍撰写《本草纲目》，几乎跑遍了名川大山，收集了无数资料，耗费了整整27年的时间，才铸就了这部巨著；谈迁花了20多年的时间才完成了《国榷》，不料完成之后书稿被小偷盗走了，无奈之下，他又开始重新撰写，用了8年的时间才完成。这些例子都足以说明，无论做什么事情，只有持之以恒、呕心沥血，竭尽毕生，才能到达成功的巅峰；若只有三分钟热情，那你最终只能一事无成。

古人云："事当难处之时，只让退一步，便容易处；功到将成之候，若放松一着，便不能成。"在生活中，有很多事情，并不是仅仅依靠三分钟热度就可以做好的，也不是一朝一夕就能做到的，而是需要持之以恒的精神，我们必须要付出时间和代价，甚至是一生的努力。当然，在这个过程中，我们需要忍耐，坚持、再坚持，等待机会和成功的来临。

著名数学家高斯从小就很喜欢学习，而且在数学领域表现出卓越的才能。有一次，父亲正在算账，高斯静静地在旁边看着，当父亲算出数目时，高斯却告诉父亲："父亲，这个账目不太对，你看应该是……"按照高斯的方式检验后，父亲发现儿子是对的。

高斯7岁时被父亲送到附近的学校读书，当时，他是班里年纪最小的，不过数学成绩最优秀，所以总是受到老师的夸奖。虽然成绩优异，但小高斯依然不敢松懈，平时学习特别努力，白天上课时认真听课，平时也会利用很多时间来做数学练习题，阅读相关的著作。

每到夜深人静的时候，高斯就会提着自己利用萝卜和油脂做的小油灯爬上顶楼，在很暗的光线下，认真地学习数学，直到很晚才休息。而且，他在平时的学习中有许多领悟和经验，比如解题的新发现以及特别的解题方法，他将这些感想写成"数学日记"。

高斯18岁那年，轰动了整个数学界。因为他成功地解决了当时自希腊

数学家欧几里德以来两千多年一直悬而未决的数学难题。

有人曾问高斯：“你为什么在科学上赢得如此多的成就？”高斯回答说：“如果你和我一样认真且持久地思考数学真理，你也会获得同样的成就。”

高斯成功的秘诀就是“专心致志，持之以恒”，他研究数学，总是坚持到底，他最反对的就是做事半途而废。当他在对一些重要的定理进行证明的时候，总是利用多种解决、证明的方法，并从中发现最简单和最有力的证明。正是因为高斯如此持之以恒地钻研数学，才为科学事业的发展作出了卓越的贡献。

1.坚持到底

生活中，那些“三分钟热度”的人，尽管他们接触了不同的工作，涉足了不同的行业，但他们只是在猎奇的过程中获得了满足，最终，他们将一事无成。相反，那些只做了一件事情并坚持到底的人，他们往往能在某个行业或某个领域达到一定的高度，他们才是真正的成功者。

2.控制自己的激情

做事不能只有“三分钟热度”，而是需要在保温中加温，需要持之以恒，这样才能有所为、有所不为。现代社会，不少年轻人在刚开始工作时满腔热血，但时间久了就慢慢地懈怠了，最终一事无成。其实，工作不是仅仅依靠热情就能做好的，它更需要在保温中加温，坚持、坚持、再坚持，而不是三分钟热度，只有做到了这些，你才是真正的职业人。

3.学做“龟兔赛跑”里的乌龟

我们都听过龟兔赛跑的故事，在生活中，我们的身边经常也会出现“龟兔赛跑”的例子。有的人成了爱睡觉、对事情三分钟热度的“兔子”，他们总是情绪不稳，一会儿想要夺冠，一会儿想要偷懒，结果造成

了三分钟热度的现象。而有的人则是慢腾腾的“乌龟”，虽然跑得比较慢，但他们情绪和心态都比较稳定，认定了一个目标就认真地去完成，这样反而适应了社会的规律，最终夺冠。

那些做事只有三分钟热度的人，他们似乎还没有进入真正的角色，有些人甚至对做事很不耐烦，他们的三分钟热度就好像是一种预警，预示着他们会放弃，或者被社会淘汰。在更多的情况下，他们往往会在东奔西跑中一事无成。

第一次把事情做到位

生活中，人们在各行各业里谋生存，每个人都有自己的工作职责及标准，如军人的职责是保家卫国，老师的职责是教诲子弟，因为每个人所处的具体位置不一样，所以他们的工作职责也有所差异。虽然处于不同的工作职位，但领导对其希望无一例外都是一次性把事情做好。

海尔集团总裁张润敏曾说：“假如让一个日本人每天擦六遍桌子，他一定会始终如一地做下去；而如果是一个中国人，一开始他会按要求擦六遍，慢慢地就会觉得五遍、四遍也可以，最后索性不擦了。”日常工作中，大部分人做事的缺点就是工作不仔细、做得不到位，每天的工作很难一次性做好。

有一次，耶稣与门徒彼得一起远行涉足，在行走的路途中，他们发现

了一块破旧的马蹄铁。耶稣说："彼得，将这块铁捡起来吧。"不过，彼得却装作没听见，一直往前走了，因为他不想弯腰。耶稣见了，一句话没说，自己弯腰捡起了马蹄铁，后来用这块铁换了三文钱，然后又用这钱买了18颗樱桃。

耶稣和彼得继续前行，他们走入了一片苍茫的荒野。由于天气比较干燥，身体又很疲惫，彼得感到非常口渴。耶稣看见了，走在彼得前面，故意让藏在袖子里的樱桃不小心掉出一颗，后面的彼得看见了，弯腰下去捡起樱桃吃掉。耶稣一边走一边丢完了18颗樱桃，后面的彼得弯腰18次。

这时，耶稣回过头对彼得说："当初你弯一次腰，就不会有后来没完没了的弯腰了。"

如果一次性把事情做到位，那后面的工作就可以省去许多不必要的麻烦，这样工作也将更加有效率。许多工作多年的人都有这样的经历：为了早点结束工作，常常迅速地将事情做完，并没有过多地考虑细节问题，最后却不得不重新再做一遍。如此一来，有时候浪费的并非只是别人的时间，还有自己的时间。究其根本，就在于没有将工作做到位。

一次性不做好事情不但会给自己带来麻烦，还会给别人带来麻烦，甚至有可能给领导带来工作的麻烦。对于公司安排的工作，如果你没去做，那领导就要去做；如果你不能将事情一次性做好，那领导就要帮你收拾烂摊子。工作没做到位，就要花时间去补充、修正，这样一来，不但浪费自己的时间，还会占用别人的工作时间，所以最好尽力把工作一次性做到位。

张军和李东是好朋友，他们同时应聘到一家大卖场，拿着差不多的薪水。一年以后，张军升职加薪，李东却依然是一个小业务员。李东觉得很奇怪，为什么张军如此深得老板的信任呢？原来，这源于一次老板的现场

考试。

老板先是吩咐李东："你现在去农贸市场看一下，看看今天早上有卖白菜的吗。"李东兴冲冲地去了，一会儿回来告诉老板："有两个农民拉了一车白菜在卖。"老板问："那大概有多少斤呢？"李东一拍头，说："哎呀，忘记问了，我再去问一下。"然后又风风火火地跑去了，回来告诉老板："有100斤白菜。"老板问："那价格呢，你问了吗？"满头大汗的李东很委屈："可是你并没有吩咐我询问价格。"老板让李东先去忙了，又叫了张军过来。

老板吩咐张军："你去附近的农贸市场看一下，今天有人卖白菜没。"过了一阵子，张军从农贸市场回来了，他向老板汇报说："今天农贸市场有两个农民在卖白菜，一共有100斤，价格是8毛一斤，我顺便看了一下，白菜很新鲜，是才从地里摘回来的，价格也比较合适，我还带了一个回来给您看看。"张军边说边拿出一棵新鲜的白菜，然后说："我想这么新鲜的白菜应该不错，而且根据以往卖场的销量，这100斤白菜可以在三天之内就销售完。如果我们全部买下，这肯定还有不少优惠。所以，我把那两个农民也带来了，他们正在外面等着我回话呢。"

就这样，张军因为懂得一次性把事情做好，所以成为老板提拔的对象。

一次性把事情做好，不仅在于按照领导的吩咐去做事，还在于你积极主动地寻求做事的诀窍。如果领导只吩咐你询问价格，你就真的只做这件事，而不顺带将其他情况一并问清楚，那等到领导追问事情的进展时，你只会哑口无言。

许多人认为，没有必要把每一件事都做得完美，人生在世总会遇到很多事情，谁能保证每一件事都能做好呢？但是，如果做一件事，那就一次

就把事情做好。人们总有一种误区，所以他们在做事时能糊弄就糊弄，得过且过。

当决定一次性将事情做好，思想有了共识，前进就有了动力和方向。假如总是能把该做的事做好，那每件事就有成功的希望。努力把手头的每件事“一次性做好”，因为在很多情况下，假如第一次没有做好，可能就没有第二次机会了。

1.有责任心

李冰父子率众修建水利工程都江堰，世世代代泽被川西。当时并没有很好的技术，但他们“居之无倦，行之以忠”，以竹笼装石、鱼嘴分流、宝瓶引水做好水利工程，至今仍然坚固，这就是因为责任心。

2.用心专一

爱迪生在15个月内不做别的事，一心一意发明电灯，前后试验了1600多种材料，尝试了几百种设计方法，终于点亮真正有广泛应用价值的白炽灯。尽管爱迪生这“一次”的发明时间长了些，挫折多了些，但他还是把事情做好了。只要用心专一，再困难的事情都能做好。

3.必须有能力

“工欲善其事，必先利其器”，没有能力，再有责任心，再用心专一，顶多是把事情做完，而不会把事情做好。

4.良好的做事习惯

拥有良好素养的人，做事往往会马到成功，而良好的素养首先建立在拥有良好的做事习惯上。要想一次就把事情做好，离不开严谨的做事习惯，如果这种习惯能够变成一种自然的素养，则更好。

一些人做事总是差不多就行了，他们还看不惯认真工作的同事。当同事正在努力思考问题解决方法的时候，他们却泼冷水：“差不多就行了，何必那么认真呢？”其实，人生最怕认真二字，只要认真了，事情就往往成了。

每天坚持做好一件事情

生活中的坎坷多是由自己、由心选就的。你之所以迷茫甚至跌倒，多是因为你没有看清自己。清楚地认清自己的实力，选择一条适合自己走的路；每天积累一点点，成功就会更快降临。但你要知道，成功的尺度不是做了多少工作，而是做出了怎样的成果。确立了目标并坚定地“咬住”目标的人，才是最有力量的人。

目标始终如一的人，能抛除一切杂念，聚积所有的力量，全力以赴向目标挺进。把你需要做的事想象成一大排抽屉中的一个小抽屉。你的工作只是每天拉开一个抽屉，令人满意地完成抽屉内的工作，然后将抽屉推回去。不要总想着所有的抽屉，而要将精力集中于你已经打开的那个抽屉。一旦你把一个抽屉推回去了，就不要再去想它。

给自己一个清晰而合理的目标，在较短的时间内、正常的努力幅度下，它是能高高地踮脚就能够到的，这样的目标才会对你的人生有推进的作用。而那些看似远大、只能当作谈资而最终束之高阁的理想，对于它的过分追求，最终只会成为一种妄想。

泰德·本杰明曾经在欧洲服役，后来居住在美国马里兰州的巴铁摩尔城纽霍姆路5716号。在战场的那段时间，忧虑曾经一度令他精神崩溃。

当时，泰德在94步兵师担任士官职务，主要是搜集和记录作战死亡、失踪以及受伤的士兵名单。同时需要帮助挖掘在慌乱之中被埋葬的盟国及敌国士兵的尸体，将这些人的遗物转交给他们的家属或最亲密的朋友，毕竟这些遗物对他们的亲友具有很大的纪念意义。

泰德的工作很烦琐，他总是担心自己出错，造成难堪，所以他每天都在担心。有时候，他甚至会胡思乱想：在这战乱时期，自己是否可以安全渡过，自己是否可以活着回去，16个月大的儿子，自己从来没见过，是否可以回去拥抱他呢？泰德又担忧又疲惫，竟然瘦了整整34磅。泰德心中充满着对未知的恐惧，以至于精神恍惚，差点疯掉。无聊时，他总会呆呆地看着自己剩下皮包骨的双手，想象着自己回家时非常瘦弱的样子，一瞬间陷入恐慌之中。泰德的精神彻底崩溃了，他像一个无助的孩子一样哭泣。他感觉自己非常脆弱，一旦只有他一个人待着，他就会感到伤心得无以复加。在坦克大战开始后不久的一段时间里，泰德经常哭泣，他对生活完全失去了信心。

1945年4月，每天处于焦虑中的泰德最终被医生诊断为患了“结肠痉挛”的疾病。这种病会给人带来很大的痛苦，而病因则是过分忧虑。泰德心想，假如当时战争没有马上结束，他大概会完全崩溃。

最后，泰德住进陆军诊疗站，一位军医给了他改变一生的忠告。当医生给泰德作完全面体检之后，告诉他说：“泰德，你的毛病是在心里，我希望你可以将生活当作一个沙漏，你知道任何人都无法让超过一粒的沙子同时通过瓶颈。在生活中，我们每个人都好像是一个漏斗，每天都有许多事情需要我们尽快去完成，但是我们只能一件一件地完成。假如我们让工

作如同沙粒一般均匀地缓缓通过瓶颈，那整个沙漏是可以正常工作的，我们的生理和心理也是非常健康的。”

每天做好一件事，每天都能做好手边的事，有几个人能够做到？在现实生活中，有些人并不是好高骛远，但在生活的重压下，眼前的一点点收获和利益已经无法满足他们那颗强烈追求的心。于是，他们的眼光变得很长远，长远到遥不可及却又异常渴望。不知不觉，高不成低不就成了他们的习惯，在对生活的憧憬中，偶然有一天他们低头时才发现，原来自己每一天都荒废了，都在原地的小小的圈子里踏步，远走的是心，而不是自己的脚步。

1.认真对待每一天

只有每次只面对一天，并且把每一天都当作一辈子来过，我们才会万分珍惜这宝贵一天的每一分、每一秒时光。把每一天都当作一辈子来过，那么，谁还会有时间去挥霍、去做些无用功呢？

2.用心做好一件事

用心把一天中最重要的那件事做好，执着地追求，你就会发现，你所有的行动都会带领你朝着这个目标迈进。在激烈的竞争中，如果你能做好一天中最重要、最清楚的事情，成功的机会将大大增加。

人生的时间、精力极其有限，想让有限的时间、精力造就人生最大的成功，就必须拣对成功价值最大的事情去做。也就是说，我们每天都要有清晰的目标可以追求。每天做好一件事，这一个月，这一年，你将会有巨大的成长和收获。

第9章

时间管理，持续高效地做事

明明想看书，却看了电影；看着电影，却又想着看书，为什么总是管不住自己呢？事实上，每个人所拥有的时间都一样，不一样的是每个人花费时间做的事情。作好时间管理，持续高效地做事，会逐渐提升我们的自控能力。

到底先做哪件事?

最近很流行一句话：为什么生活了几十年，还是一无所获？你是否同时在进行几个方案，不过似乎无法全部完成？你是否因为顾虑其他的事情，而无法集中精力来做眼前的事？假如工作被突然中断，你是否感到非常生气？你是否每天回家时感到疲惫不堪，但好像并没有做什么事情？你是否觉得总没有时间运动或休息，甚至连随便玩玩都没有时间？如果针对这些问题，你的答案是肯定的，那么你的身上已浮现出时间管理不良的征兆。

生活中，我们还会遇到这样一些问题：你正在写计划，结果电话响了，那些急事、请示的、投诉的、朋友聊天的等不得不接的电话缠住你，于是一上午过去了还没写几个字；领导最近安排了很多事情，一起堆着，这个方案本周之内完成，那个方案需要明天就出来，自己分身乏术。每天都感觉好忙，这件事也急，那件事也急，到底先做哪件事呢？

张老师正在上一堂别有趣味的课，他先是把一个玻璃罐子放在桌子上，然后再把一些鹅卵石放进玻璃罐子。等到张老师把所有的鹅卵石放进罐子之后，他问台下的学生："你们仔细观察，这个罐子还能装东西吗?"学生们看了看装得满满的罐子，都摇头："不能了。"

这时张老师笑着从桌子底下拿出一袋小石子，沿着玻璃罐倒下去，

全部倒完了，罐子看上去又满了，张老师问学生："你们觉得这个罐子还能装进去东西吗？"学生们有些不敢确认，一位学生小声回答："我觉得还能装进去一些东西。"张老师没说话，又拿出一袋沙子倒进玻璃罐，然后问："现在呢，还能装东西吗？"这时学生们似乎相信了，齐声回答："还能。"果然，张老师又拿出一瓶水，慢慢倒进玻璃罐子。

一个普通的玻璃罐就这样装下了如此多的东西，但是，如果不是先把最大的鹅卵石放进罐子，或许以后永远没机会把它们放进去了。生活中很多事情，其实都可以像往这个玻璃罐里放东西那样，先进行时间级别的分类，按照事情的轻重缓急进行组合，确定先后顺序，做到不遗不漏。

时间"四象限"法是美国的管理学家科维提出的一个时间管理的理论，把工作按照重要和紧急两个不同的程度进行了划分，基本上可以分为四个"象限"：既紧急又重要（如客户投诉、即将到期的任务、财务危机等）、重要但不紧急（如建立人际关系、人员培训、制定防范措施等）、紧急但不重要（如电话铃声、不速之客、部门会议等）、既不紧急也不重要（如上网、闲谈、邮件、写博客等）。

然后按处理顺序划分：先是既紧急又重要的，接着是重要但不紧急的，再到紧急但不重要的，最后才是既不紧急也不重要的。"四象限"法的关键在于第二和第三类的顺序问题，必须非常小心区分。另外，也要注意划分好第一和第三类事，都是紧急的，分别就在于前者能带来价值，实现某种重要目标，而后者不能。

1.第一象限，重要又急迫的事

这一部分事情是需要马上去做的，如应付难缠的客户、准时完成工作、住院开刀等。大部分人工作中的主要压力来自于第一象限，实际上第一象限80%的事务来自于第二象限（重要但不紧急）没有被处理好的事情。

即这个压力是自己给自己的，所以关键是尽量多解决来自第二象限的事情，如此才会使压力得到缓解。许多重要的事情经过拖延或因事前准备不足，就会变得异常窘迫。

2.第二象限，重要但不紧急的事

这主要是与生活品质有关，包括长期的规划、问题的发掘与预防、参加培训、向上级提出问题处理的建议等事项。这些事情不能因为不紧急就不去解决它，应该第一时间将任务进行分解，然后逐一去解决，并制订时间表，在规定的时间内完成，如此就不会让第二象限的事情挤压到第一象限中去。如果忽略这部分事情，就会使自己陷入更大的压力。多投入一些时间会提高实践能力，缩小第一象限的范围。作好事前的规划、准备与预防措施，很多急迫的事情就不会产生。建议把80%的精力投入到这个象限的工作，使第一象限的“急”事无限变少，令自己不再瞎忙。

3.第三象限是紧急但不重要的事

电话、会议、突然来客都属于这一类。当自己感到疲惫的时候，可以通过一些不重要的且不紧急的事情来调整状态和身体，不过不要在这个象限中投入过多的精力，否则就是浪费生命。当我们变得非常繁忙的时候，需要去第四象限里休息一下，不过诸如阅读无聊小说、看毫无内容的电视节目、办公室聊天等，这样的休息是对身心的毁损，并非真正的休息。或许刚开始有滋有味，但后来你会发现人比较空虚。

4.第四象限属于不紧急也不重要的事

这一象项的事是我们忙碌且盲目的源头，最好的办法是放权交给其他人去做，或者通过委婉的拒绝以减少此类事情的发生。表面上看似乎会产生“这件事很重要”的错觉，实际上就算重要也是对别人而言。如果花很多时间在这里打转，自以为在第一象限，实际上不过是在满足别人的期望

与标准。

时间管理其实就是管理自己，改变自己，改变那些固有的坏习惯，改变坏习惯的本质就是靠合理的规划和自我的意志力，不按照以前的生活继续下去。生活中的事情，大致可以分为轻重缓急，我们应按照时间作出合理分配。

时间管理中的平衡法则

当我们找准自己核心竞争力之后，应将之充实到三个方面：工作时间、家庭时间、闲暇时间，做一个生活充实而有趣的人。当然，应尽可能地把自己大部分时间都花在核心竞争力上，一旦找到核心竞争力，就可以停止无谓的焦虑，开始客观地看待数据，然后掌控每一天的生活，获得最充实的人生。

玛丽从事采购工作，她经常利用下班时间学习新知识，或者与同行交流沟通，闲暇时间有限，这让她觉得自己忽略了家庭。如何平衡两者之间的关系，成了玛丽的苦恼。

每个人在家庭和工作之间都有一杆秤，二者之间权重的比分多少并没有统一的标准，每个人的价值观不同，就会有不同的权重。现代社会的文化似乎赋予女性更多的家庭责任，女人的内心深处容易认为自己是否成功要先看家庭，所以平衡家庭与生活对于职业女性而言显得比较重要。当

我们在清楚了自己内心需要和价值倾向后，在工作、家庭、闲暇之间的精力、时间的分配自然更加游刃有余。

王先生是一家银行的管理人员，他十分热爱自己的工作。不过，由于受到全球金融风暴的影响，银行支出的削减与裁员影响了大家的工作氛围。工作压力过大，导致他们的午饭时间大大缩减，晚上和周末也要继续工作，每天精神高度紧张，没有一丝一毫的松懈。身边的同事一个个被裁，王先生感觉自己血压开始升高。

就在上个月，王先生最终作出辞职的决定，因为长时间的工作压力已经对他的身体健康造成了威胁。辞职后，王先生到附近的城市做了一名教师，因为他妻子也在那边工作。尽管王先生换新工作的时间比较短暂，不过现在他的血压已经恢复正常，整个人的精神状态也比较好。

随着无线技术的发展，在家中办公已并非遥不可及。有关人士表示，在家中办公可以更加有效地促进家庭的和睦。

杨小姐从事编辑工作，其父母一直希望她早点生儿育女，虽然她觉得年轻时应该奔事业，但是父母总是以他们身体好可以帮忙照顾小孩为理由督促。她感到困惑的是，真的像父母说的那么简单，可以很容易带大一个孩子，兼顾家庭事业吗？当然，对一个家庭来说，孩子的出生，势必带来生活方式的改变，孩子将占据你大部分的精力，你将牺牲更多的个人空间。同时家庭结构、夫妻相处方式也会发生很大的改变。尽管父母可以帮忙带孩子，但作为孩子的父母，生孩子之后想法也会改变，大多数人都想要自己投入更多精力。

王先生来自于偏远的山区，用光了家里所有的钱，挤进了大学的门槛，到大学毕业之后，他已经是负债累累。虽然品学兼优的王先生通过老师的介绍获得了一份不错的工作，但他并不满足普通的职位，同时，自己

读书欠下的债也成为他拼命工作的动力。早上他是第一个到办公室，下班了，他却是最后一个离开办公室的。在无数个深夜，他孤身一个人待在办公室，思考一个企划案，或着手一个新产品的研发。当然，付出是有回报的，王先生很快晋升为管理层，不仅如此，他还还清了所有的债务。就在这时，他结识了一位女士，组建了一个幸福美满的家庭。

这样看起来，王先生的生活算是美满幸福了，但王先生并没有放松下来。每天，他依然是公司最拼命的一个，妻子每每抱怨："你已经很久没陪我们去公园了，我们一家人从来没去旅游过。"这时王先生总是以惯有的口吻说："我这样还不是为了这个家！"妻子辩解："可我们已经不缺什么了，我和孩子唯一缺的就是你，再富足的物质生活也比不上一家人在一起啊！"妻子时话还没说完，王先生已经西装革履地出门了。

这天，加班到凌晨一点的王先生回到家里，竟然发现妻子带着孩子走了，桌上只留下一个地址。第二天，王先生破天荒地向公司请了假，按照妻子所给出的地址，赶去一看，没想到竟然是一处山清水秀的森林公园。远远地，王先生看到妻子、孩子，还有自己白发苍苍的老母亲坐在一起，孩子嬉戏着，妻子则和母亲聊着天。看着这样的景象，王先生的眼睛湿润了，在那一刻，他明白了很多。

从此以后，王先生不再是拼命三郎了，他从自己工作的时间里抽出一部分陪家人和朋友，在这段时间里，他才发现生活是多么美好、多么轻松！

若一个人拼命工作到忘记了家人和朋友，那么，尽管他的物质生活是富足的，其精神生活却是一片贫瘠，他的内在心灵更是一片荒芜的花园。因为他不懂得享受生活，自然感受不到来自生活的快乐。工作的功利性目的是挣钱，但这并不是其最终的目的，享受生活才是挣钱的最后目的。

中国的文化崇尚工作至上，在这种文化的影响下，许多人经常在办公室挑灯夜战，或者从来不出门旅游。这样拼命工作的人其实已经忽略了生活的美好，更何况工作得多并不意味着应该受到表彰或加薪。

1.过度工作反而不好

过度工作很有可能会降低自己的工作效率、消磨自己的创造力，甚至对你与家人和朋友的关系产生负面影响。尽管，有激情有梦想是上天赐予自己的礼物，为自己热爱的事业而努力更不会是一种错误。

2.学会享受生活

享受生活是人生的特殊体验。在越来越喧嚣的尘世中，我们逐渐背离了享受生活的本质。在拼命工作的过程中，我们变得越来越提得起放不下，为享受而享受，把挣钱、占有当作享受的终极目的。这样一来，生活中感受到的是苦多乐少。

我们的休息也很重要，除去忙碌的工作时间以外，我们应该更多地享受生活，享受与家人朋友待在一起的感觉。这样我们才能收获更多来自心灵深处的快乐。其实，享受生活是一种感知，品味春华秋实、云卷云舒，一缕阳光、一江春水、一语问候、一叶秋意都是生活里醉人的点点滴滴。

碎片化时间管理

现代社会已经进入信息碎片化时代，碎片化学习、碎片化阅读、碎片化生活日益成为热门话题。时间的碎片化改变了学习、工作和生活习惯，对时间管理发出了新的挑战。

莉莉总是抱怨自己太忙，白天工作，加班是常态，晚上回家还要带孩子，完全没有自己可利用的时间；小董工作后打算自学英语，但除了工作根本没有大段的时间来用于学习，时间总是这里挤一点、那里挤一点，完全没办法静下心学习；露西对未来感到很迷茫，生活的压力、提升自我的紧迫感、疲惫的身体、碎片化的时间、琐碎的事情，让她时常有一种不知所措的感觉。

碎片化时代的来临，导致时间出现碎片化，在繁忙的工作之余、疲惫的生活之余，有一些没有安排工作、没有被计划、零散的、规律性较差的时间，就是我们所说的碎片化时间。信息时代，注意力也可以成为新一轮的经济热点。这源于互联网技术和电子终端的普及，我们每天总是被海量信息包围，应对手机、电脑、平板、无处不在的广告带来的信息冲击，不管是热点新闻、娱乐八卦、学习培训，还是网络社交，都在不断地牵扯着我们有限的注意力。上班、学习、社交、看新闻、刷朋友圈、娱乐休闲，不管是工作还是生活，即便在公交车上也要刷5分钟的朋友圈，好像永远有做不完的事情。虽然每天忙碌不堪，但收获不多，沉淀不够。人们的注意力不断被转移和分配，我们对时间的感知也变了，时间被碎片化了。

目前，比较火热的是国内最大的在线实用技能平台——网易云课堂。因为研究过现代人的时间碎片化，所以探索出知识付费这条途径。目前，在课堂里拥有数万门课程，覆盖多门教学领域，旗下还分很多门类，有几

十万个视频供人们学习，累计注册用户数千万。

这些学习视频以效果导向为主要内容，针对现代人体验、移动学习、碎片化时间的特点来制作合适的视频，同时考量内容的结合，以降低用户进入学习的门槛，方便快捷，从而保障现代人的学习效果。

就在前不久，这个课堂还推出了新版本，在新版本中，课堂不仅引入了书籍、文章、3—15分钟短视频等碎片化知识内容，还将碎片化知识与系统性知识相结合，进一步降低了用户的学习门槛。

激活流失的碎片时间，零存整取。试着去注意日常生活中的这些小碎片，hold住你的时间。时间碎片不能去创造也无法消除，时间块才是成事根本。不能因为时间碎片的“香”而忘记了解决温饱问题的是时间块，否则就是舍本求末了。集中利用好时间块，有意识地去消磨时间碎片，会让你的时间管理锦上添花。

碎片时间有些是长期存在，如上下班的通勤时间，这是两个任务之间的缓冲环结，这是客观形成的。还有部分碎片时间是人为造成的，比如，本来应该一个小时完成工作，但一会儿接电话，一会儿回短信，一会儿上厕所，结果一个小时被人为地切割成许多小碎片，这不仅影响了工作效率，还会让自己感到焦躁不安。

当然，对个人而言，碎片时间是存在差异的，有人集中在白天，有人在晚上，有的甚至会出现周期性变化。但是，别小看这些小块时间，它们的可塑性是极强的，特别是那些人为制造的碎片时间，按照某种顺序或规律，完全可以组合成一段可以利用的时间。

1.碎片化时间对自己的意义

尽管碎片化让我们变得焦虑不安，但我们必须适应并坦然接受。当然，利用碎片化时间的目的是使时间价值最大化，不过价值需求是因人而

异。有人利用碎片化时间来放松心情、调节状态，有人用来学习知识，有人用来社交。所以，要明白碎片化时间对自己的意义，才有机会对其进行挖掘。

2.分析碎片化时间

根据自己的实际情况，分析其分布规律，是早上、下午或晚上，或周末节假日。梳理好碎片时间，安排自己在这些时间里做些什么，尽量避免被其他事情转移注意力。假如短期的碎片化缺乏规律，那就拉长时间具体分析，找到其中的规律。

3.利用好碎片化时间

当然，我们需要避免人为制造碎片时间，提高工作效率。在自己注意力最集中、效率最高的时间段做最重要的事情。可以在碎片时间里看新闻、看视频、听音乐、在线听课，这些内容时间短、灵活性强，分阶段学习对效果影响较小。

时间碎片化是一种现象，但并非不可控。很多时候，我们需要关注的是自己，而不是时间，管理好自己的注意力，才能更好地利用碎片化时间，按照个性需要，制定高效碎片时间利用策略，发掘碎片时间最大的价值。

如何最大限度提高做事效率

什么是最佳时间段？也就是我们的大脑最活跃的时间段。每天有24

个小时，我们的大脑有最兴奋、最活跃的阶段，也有疲惫而需要休息的阶段。这就好像每天的太阳一样，在夏天的时候，中午12至15点钟的太阳是最毒辣的，假如我们想要避开这个时间段或利用这个时间段，那就需要进行一番安排了。大脑就好像一个机器，它不可能一天24小时不停地运转，它也有累而不想动的时候。

因此，我们要想提高做事效率，就要善于去利用最佳时间段，在有限的时间里最大限度地提高学习效率。当然，每个人的最佳时间段各不相同，因为生理特点以及生活环境、做事习惯等不一样，每个人的最佳时间段也是不一样的。所以，我们在实际做事过程中，要善于将普遍的最佳时间段与自身特点结合起来，这样才可以最大限度发挥自己全身的潜力。

大量研究证明，如果能够合理利用生物钟，掌握最佳工作时间，就能够有效提高工作效率。当然，这需要利用人体一天之中记忆力和专注力最好的时候。那么，一天中什么时候人的记忆力是最好的呢？什么时候才是最佳工作时间呢？据相关生理学家研究，一个人的大脑一天中有一定的活动规律：

6—8点：这时一个人从休息结束进入大脑兴奋状态，由于肝脏已经把人体内的毒素全部排干净，大脑开始清醒，记忆力比较强，比较适合工作和学习。

8—9点：这时人的大脑依然处于极度兴奋状态中，记忆力处于最佳状态，整个人状态不错，精力很旺盛，这时大脑可以思考一些严谨、周密的事情，可以做一些比较困难的工作。

10—11点：人体处于很好的状态，看上去这样的状态可以持续到中午。性格较为内向的人在这个阶段是精力旺盛的时候，不要因为快要到中午而选择放弃，做任何工作都是可以的。

12点：尽管处于午餐时刻，但人体的精力依然不错，不过，需要按时吃饭，才能补充体力。在中午，尽量不要喝酒，一旦喝酒，下午半天基本上可以不做任何事情了。

13—14点：吃过午餐之后，整个人有点犯困，白天大脑精力旺盛的阶段已经过去了，这时处于精神比较差的时候，即一天之中第二个低潮阶段。这时人的大脑反应迟钝，已经感到有些累，应该选择适当休息，午睡时间可以为30分钟至1个小时。

15—16点：通过午休，身体重新获得了精力，大脑在这一阶段比较活跃，精神旺盛。大量实验表明，在这个阶段人的记忆力是非常好的，工作和学习中有需要记忆的，可以安排在这个阶段。工作状态也在渐渐恢复，如果是性格外向的人，那这一阶段是精力很旺盛的时候，之后还能持续几个小时。

17—18小时：这一阶段人的体力和耐力进入24小时周期的最高峰，工作起来效率更高。大量数据表明，在这个阶段人们可以选择做一些复杂计算和费脑的工作，所得到的效果是良好的。

19—20点：人们精神开始消退，情绪也处于不稳定的状态，应该适当休息。

20—21点：大脑又开始进入兴奋期，反应也恢复了，记忆力非常好，这一阶段到临睡前是很不错的记忆时间。

22—24点：这一阶段，人体开始细胞修复工作，精神倦怠，应该进入睡眠时间。

紧张地做事实际上就是脑力之间的竞争，做事的效果主要取决于大脑皮层所处的状态。所以，我们要学会科学用脑，而科学用脑最重要的一条，就是充分利用好每天的最佳学习时间段。人在一天的不同时期，大脑

活动效率是不一样的，工作时间的最佳选择应该是一天中大脑最清醒的时候。

生理学家研究发现，一天中有四个工作的高效期，假如安排得当，就可以轻松地掌握、提高效率。对于应该如何利用好这四个最佳时期，我们可以看一下：

1.清晨

可以说，早上是记忆力最佳的时间段。经过一个晚上的休息之后，大脑充满了活力，处于极度兴奋的状态，非常清醒。在这个阶段，不管是记忆还是做事，脑子都比较清晰，那些平时记忆起来比较吃力的知识点也能毫不费劲就记住。

2.上午8—10点

在这个时间段，人的精力非常充沛，大脑比较兴奋，思考问题也很容易得出确切的答案。如果工作中遇到了难题，可以选择在这个时间段想办法攻克难题。

3.下午6—8点

下午6—8点是大脑处于兴奋的阶段，是最佳的工作时间。完全可以利用这段时间来工作，适用于整理资料、归纳工作等事宜。

4.入睡前一个小时

入睡前一个小时，也是最佳工作的时间段。利用这段时间来加深印象，尤其是对一些难以记忆的东西加以复习，则不容易忘记。

以上所述就是通常性的工作时间规律，对于不同的人而言，还有自己独特的工作时间规律和习惯。

为了提高效率，要善于发现并充分利用独特的最佳时间段。假如是夏天这样的炎热天气，那就尽可能利用好早晨两个小时和晚上两个小时，这段时间空气凉爽，效率应该是不错的。

对的时间做对的事情

生活中普遍存在这样一种现象：一个人如果觉得这是一件不值得做的事情，他往往会持冷嘲热讽、敷衍了事的态度。换句话说，对于他认为不值得去做的事情，那就不值得去做好。当然，由于这种心理，使得他在从事自认为不值得的事情的时候，难以成功；即使成功了，他也体会不到多大的成就感。每个人都有不同的价值观，而人们去做事情的标准则是：只有符合自己价值观的事情，他们才会满怀热情地去做。对于符合自己价值观的事情，他们能够做得很好；反之，与自己价值观不相符合的事情，他们很难做好，因为缺乏足够的热情。这就是心理学上的“不值得定律”。在职场中，同样一份工作，在不同的环境下，它所给我们的感受是不同的。比如，在一家大公司，初入职场的你被安排做打杂跑腿的工作，很可能你认为这是不值得，结果，你就连一些小事情都不能做好；反之，一旦你晋升了职位，你就会觉得这份工作是很难得的，自己一定要好好努力工作，因为它值得你去为之努力。

“我喜欢创作，而我却在做指挥。”这个矛盾一直折磨着世界著名

指挥家——伦纳德·伯恩斯坦。虽然，他无数次站在舞台上接受掌声和鲜花，但是，他心里是不愉快的，总是感到阵阵隐痛和遗憾。生活中，我们常说“选择你所爱的，爱你所选择的”，其实，说的就是这个道理。当我们选择的是我们所感兴趣或认为有价值的事情，那么，我们就会激发出全身的力量去努力，心理也会相对坦然很多。对此，“不值得定律”给予我们这样的启示：不值得做的事情不要做，值得做的事情就要把它做好。当然，什么是值得的，什么又是不值得的，这根源于每个人的价值观。

小杜是计算机专业的硕士生，毕业后去了一家大型软件公司工作。工作没多久，他就凭着深厚的专业基础和出色的工作能力，为公司开发出一套大型的财务管理软件，为此，他得到了公司同事的称赞和上司的肯定。

就在去年，小杜被提升为开发部经理，在上司看来，他不仅精通技术，而且是一个值得下属信任和尊敬的上司，而他所领导的开发部也确实屡创佳绩。公司老总认为小杜是一个不可多得的人才，就把他提升为总经办，负责全公司的管理公司。接到任命通知书后，小杜并没有显得多么高兴，他明白自己的特长是技术而不是管理，如果自己纯粹去做管理工作，会使自己的特长无法发挥，而自己的专业技术也将荒废。更关键的是，自己并不喜欢做管理，在小杜看来，那是不值得去做的工作。

可是，碍于上司的权威和面子，小杜还是接受这份对他来说不值得做的事情。果然，在接下来的一个月里，虽然小杜作出了最大的努力，但还是令人失望。上司难以体会到他的苦衷，也开始对他施加压力。如今，小杜不但感到工作压抑，毫无乐趣可言，而且，他越来越讨厌这份工作，甚至想到了离开公司另谋出路。

大量研究表明，在职场中，至少有一半以上的人将精力花在与工作无关的事情之上。如果你一天花这么多时间在一件不值得去做的事情之上，

那么，工作对于你而言，将会变成一件痛苦的事情。就像案例中的小杜一样，或许，因为这样，还会危及你的大好前程。在这里，建议那些将精力花在不值得去做的事情上的人们，不要再耗费自己的生命了。

那么，在生活中，我们该如何避免“不值得”观念的产生呢？

1.不断补充知识

论语曰：“十五而上学，三十而立，四十不惑，五十知天命，六十而耳顺。”人生是一个不断学习、不断丰富的过程。随着年龄的增长，我们的知识以及能力也会有所提高。在知识的感知下，我们将越来越能正确分辨，哪些事情是值得去做的，哪些事情是不值得去做的。

2.换个角度思考问题

俗话说：“旁观者清，当局者迷。”有时候，我们自己置身其中，往往不能分辨出这件事到底值不值得做。这时候，我们应该换个角度思考问题，站在第三者的立场看问题，这样你就会多一些理解与包容，看问题会更全面、更周到。这样，你会对一些之前认为不值得的事情有一些改观。

3.善于听取别人的意见

哲人告诫我们：“多听，多看，多想，凡事三思而后行。”对于每一件事，每个人都有自己看不到、想不到的地方。为了避免一些人生错误，我们应该多听、多看、多想，多听听他人的意见，这样，我们才会对事情判断得更准确，避免过分值得或不值得的现象的出现。

或许，是到了你该离开的时候了，离开这个不能让你振奋、给你新知的地方吧，开始重新去寻找一些值得去做的事情，这样才能体现出你应有

的价值。

会休息的人才能更好地做事

人的一生有三分之一花在睡眠上，但是没有人明白睡眠到底是怎么回事。众所周知，睡觉只是一种习惯，是一种休息状态。不过，我们并不清楚每个人每天需要睡几个小时，更不明白我们是否每天非要睡觉不可。不过，假如我们不幸遭遇失眠，那又该怎么办呢？

每个人的睡眠时间是不确定的。比如，著名指挥家托斯卡尼尼每天晚上只睡5小时，而柯立芝总统每天却要睡11个小时。或者，我们可以理解为，托斯卡尼尼用了自己人生五分之一的时间来睡觉，而柯立芝的人生几乎有一半的时间在睡觉。

在这之前，李先生每天睡眠质量都不错，每天晚上按时入睡，可以一直睡到第二天早上，早上还不愿意醒来，哪怕闹钟也吵不醒他，结果他常常赶到公司时已经迟到了。就这样，李先生面临着领导发出的最后警告：“如果你再迟到，当心我会炒了你的鱿鱼。”

怎么样才能早点起床呢？李先生很是苦恼，这时身边的朋友出主意说：如果你怕早上听不到闹钟响，那不妨睡觉时把全部注意力放在闹钟上。李先生觉得这个方法听起来不错，于是，在睡觉时他就开始注意闹钟，因为全神贯注，只能听见闹钟“嘀嘀嗒嗒”的声音，思绪被无限放大，这让李先生根本无法安然入睡，他只能翻过去翻过来，焦躁不安。这样的情况一直持续到第二天早上，李先生根本没办法起床。

在这之后的两个月，李先生从一个睡眠质量很好的人变成一个遭受失

眠折磨的人，他每天精神憔悴，根本无法好好工作。越是想着工作，越是睡不着，情绪很糟糕的时候，李先生恨不得一头撞死。

李先生再也不想遭受失眠的痛苦了，只有向心理医生咨询。听了李先生的情况，医生说："其实，失眠这件事只能靠你自己去克服，去改变。但是，你在遭受失眠困扰的时候，不要想着我在失眠，别放大失眠带来的焦虑感。你可以暗示自己，我根本不用管是否能睡得着，哪怕我只是睁着眼在床上躺一晚上，我也很好地休息了一晚上。"听到了医生的建议，李先生点点头，回家后按照这个方法做了。结果不到半个月，李先生就可以好好睡一觉了。

一个月之后，李先生重新恢复到每晚七八个小时的睡眠时间，当然，他再也没有失眠过了。

在生活中，或许我们能够很长时间之内不进食、不饮水，却没办法永远不睡觉。当一个人完全筋疲力尽之后，即便是在打雷或战争的恐怖和危险之下，也可以安然入睡。

著名的神经科医生佛斯特·肯尼迪博士说："1918年，英国第五军撤退的时候，我见到那些在战场上耗尽全身力气的士兵随地倒下，睡得简直跟昏死过去一样。尽管我尝试着用手撑开他们的眼皮，他们依然拒绝醒来，我发现每个士兵的眼球都在眼眶里向上翻起。"

下面是一些治愈失眠症的方法，虽然不能保证可以百分之百治愈，但至少可以缓解失眠症的严重程度。

1.放松你的肌肉

大卫·哈罗·芬克博士在其著作《消除神经紧张》中提出和自己身体交流的方法。他指出，语言是一切催眠法的关键，当你失眠时，不妨对自己的身体肌肉说："放松……放松……"这样你就真的能从失眠的沼泽中

解脱出来。大家都知道，当肌肉紧张的时候，你的神经就会保持紧张。一个失眠的人，想要摆脱失眠进入梦乡，那就从放松肌肉开始。然后，将几个小枕头垫在手臂底下，让自己的下颚、眼睛、手臂和双腿放松，这样就会在不知不觉中进入梦乡了。

2.让自己感到疲倦

当一个人感觉很累的时候，自然容易入睡，即便是在走路，大自然也会强迫你进入梦乡。所以，假如你让自己变得疲惫不堪，那就很容易进入梦乡。德莱赛年轻的时候，他还是一个为生活奔波的作家，他曾经为失眠而烦恼。为了治愈失眠，他想办法让自己变得疲惫，他去种花、游泳、打网球、打高尔夫球、滑雪……后来，他去纽约中央铁路找到了一份铁路工人的工作，就在他做了一天打钉和铲石子的工作之后，他累得不行了，甚至来不及将晚饭吃完就睡着了。

小贴士

著名的神经科医生佛斯特·肯尼迪博士教给大家一个方法：当失眠的时候，将眼球在眼眶里向上翻起，不到几秒钟的时间，你就会开始打哈欠，沉重的睡意袭来，这简直是一种自己没办法控制的神经自动反应。

拒绝借口，别陷入拖延的泥沼

世界上有两种人喜欢找借口，一种是从一开始就找借口为自己开脱，根本不想去做的人；一种是一开始也努力去做，或是看似在努力、实际根本就没有全力以赴的人。没有借口的结果就是行动，并100%完成任务。那些没有完成任务的人，就是在为自己找借口的人。

人生是没有任何借口的

不找任何借口，它所体现的是一种负责、敬业的工作精神，一种诚实、主动的态度，一种完美、积极的执行力。在很多时候，借口是毫无意义的。“没有任何借口”，让自己养成不畏惧的决心、坚强的毅力，以及完美的执行力。不管遭遇了什么样的环境，我们都必须学会对自己的一切行为负责。

1916年，巴顿作为美国墨西哥远征军总司令潘兴将军的副官，接受了一次艰难的任务。巴顿将军在自己的日记中写道：

有一天，我接到潘兴将军派遣的任务，即给豪兹将军送信。在这之前，我已经了解到豪兹将军已经通过了普罗维登西区牧场。所以，我尽可能在天色暗下来之前赶到那里，结果我遇到了第七骑兵团的骡马运输队。为了更好地前进，我不得不向这支运输队要了两名士兵和三匹马，然后跟着这个运输队往前走。往前行进没多久，我又遇到了第10骑兵团的一支侦察巡逻兵。我告诉了他们我要去找豪兹将军，没想到他们却告诉我：“你可不要再往前走了，我们刚才巡逻了，前面的树林里全都是维利斯塔人。”我回答说：“尽管如此，但是我还是要给豪兹将军送信。”我继续沿着峡谷前进，在穿越峡谷的时候，我又遇到了费切特将军指挥的第7骑兵团和一支巡逻兵，他们全都劝我别继续向前走了。我笑着说：“因为峡谷

里全部都是维利斯塔人吗？但是我还是要给豪兹将军送信。”他们表示不知道豪兹将军在哪里，所以我继续向前走，上天保佑我，我最终还是找到了豪兹将军，并把信亲手交给了他。

巴顿将军在完成任务的过程中，屡次被人劝阻：“不要往前走了，前面到处都是维利斯塔人。”当然，那些劝阻的人都是出于一番好意，如果这时巴顿将军心里正想寻找某个借口，那他完全可以停下来，不再继续前进。如果是上级责问起来，他就可以说：“当时我们已经走了很远，也没找到豪兹将军，而且前面到处都是维利斯塔人，实在是难以找到豪兹将军。”这听起来很符合情理，而仔细一推敲，却发现全部都是借口。有这样想法的人，就是把“借口”当挡箭牌的人。

张三和李四是两个裁缝师傅，有一次，他们在一起工作时，张三需要将手中的针交给李四。不过，就在快要交接的时候，张三手中的针掉到了地上，当时又是昏暗的傍晚，屋里光线很暗，实在不容易找到一根针。

在这个时候，他们应该怎么办呢？我们可以设想一下，起码会出现以下三种情况。

首先是，张三和李四开始吵架，李四指责张三没拿稳针，张三则怪李四动作慢了才会导致针掉在地上，他们一直在争论着这是谁的责任，压根忘了地上的针。

其次是，张三和李四纷纷表示先找到针才是正事，所以接下来的几个小时，他们都会在地上找针。

最后是张三和李四为了尽快找到针，分头行动，一个从这边开始进行寻找，一个从那边开始寻找。

我们可以猜想一下，上面这三种情况哪种最有可能找到针呢？

几乎所有的人都知道第三种情况能最快找到针。如果总是埋怨对方，

总是为自己找借口，事情永远也办不好。故事很简单，但是蕴含的哲理很深刻，如果两个人各自为自己开脱，“这与我没关系”“这不是我的责任”，那么只能让麻烦越变越大，根本不能解决遇到的问题。工作中，如果一个人找各种借口为自己开脱，只会欲盖弥彰。这样一来，就会给他的上司留下不能按时完成任务、能力差的印象。长此以往，这种人在公司的地位就会越来越低，其他人也不愿意和这种老是找借口的人合作，他们害怕有一天这种人也会将所有的原因都推到他们身上，将自己身上的责任推得一干二净。

也有一些人在遇到问题的时候，不会想着找借口，而是尽快想到解决问题的办法，将问题解决。这样的人责任心很强，他们对自己做不到的事也不会找各种各样的借口，他们会真诚地说出自己为什么没能及时将问题解决，用各种办法在最短的时间内将问题解决。这样的人是不会轻易许诺的，如果真的许下什么诺言，他们一定会想尽各种办法实现诺言。

1.没有借口

即使有什么问题没有解决，也别费尽心思地去找各种借口为自己辩白，而应将所有的情绪都放下，先解决问题。要知道，解决问题才是最关键的。

2.别推卸责任

在现实生活中，我们经常会听到这样或那样的借口。当人们做不好一件事情，或者完不成一项任务时，就会有很多借口。在借口的遮挡下，他们学会了抱怨，推诿，迁怒，甚至愤世嫉俗，直到最终他们都没发现，借口就是一个敷衍别人、原谅自己的“挡箭牌”。寻找借口，无疑是掩盖了自己的弱点，推卸了自己的责任。

我们应该想尽办法去完成任何一项任务，而不是为没有完成的任务去寻找这样或那样的借口。即便是看似很合理的借口，也是不允许的，我们要有一种不达目的不罢休的毅力。在生活中，我们要知道，做任何一件事情，只要我们努力去做，就不可能不成功，千万不要把借口当作自己的挡箭牌，你不可能一辈子依靠“借口”而活。

只能找方法，而不是寻找借口

人生不应该停留在等和靠上，成功不会像买彩票那样充满侥幸，唯一需要的是制订计划并立即执行。不等不靠，现在就去做，表现出来的是一个成功人士应有的精神风貌。如果你是因为没有信心才迟迟不敢行动，那么最好的消除障碍的办法就是立刻去做，用行动来证明你的能力，增强你的自信。与其找借口，不如找方法。

李大钊曾经说过：“凡事都要脚踏实地地去做，不弛于空想，不骛于虚声，而唯以求真的态度做踏实的功夫。以此态度求学，则真理可明。以此态度做事，则功业可就。”

面对很多事情，庸者只会说“那个客户太挑剔了，我无法满足他”“我可以早到的，如果不是下雨”“我没有在规定的时间里把事情做完，是因为……”“我没学过”“我没有足够的时间”“现在是休息时间，半小时后你再来电话”“我没有那么多精力”“我没办法这

么做”……

乔在公司工作已经三年了，直到现在还原地踏步，仍然是一个小职员。虽然他本人对此也感到十分苦恼，但是毫无办法。乔的主管看见他这个样子，真有种“朽木不可雕也”的感叹。

这次，公司业务部新拉了两个客户过来，主管想给乔一个升职的机会，就把乔喊到办公室：“这次你去吧，客户都是比较好说话的，只要你能随机应变，就一定能完成工作任务。”乔显得有点犹豫：“我……我……我怕我不行。”主管有点生气了，但还是规劝道：“你看跟你一起进公司的人，发展最好的已经晋升到总经理的位置了，你还依旧这样，你也得为自己的工作尽份力量，为公司尽点责任。”看着恨铁不成钢的主管，乔硬着头皮接了下来。

等到第二天，已经准备出发，乔来到主管办公室，支支吾吾地说：“主管，看来我真的不行，我怕到时候把这个客户得罪了，把业务丢了就不好办了，你还是另派一个人去吧。”主管气得说不出话来，只是一个劲地叹气。

寻找借口的唯一好处，就是把属于自己的过失掩饰了，把应该自己承担的责任转嫁给社会或他人。这样的人，在公司里不会被老板信任，在社会也不会成为大家信赖和尊重的人。

然而，遗憾的是，在现实生活中，我们经常听到这样或那样的借口。上班迟到了，会说“路上塞车”“早上起晚了”；业务成绩不好，就会说“最近市场不景气，国家政策不好，公司制度不行”。这样一些整天寻找借口的人，只要他们用心去找，借口无处不在。结果，他们把许多宝贵的时间和精力放在了寻找合适的借口上，浑然忘了自己的职责所在。

吉姆在公司待了两年了，与他一起进公司的人早就升职加薪了，但吉

姆还在原地踏步。每当老板对吉姆说："吉姆，为什么不去争取做一些有挑战性的业务呢？你在底层锻炼的时间已经够长了。"这时吉姆总是说："我觉得自己条件还不具备。"这时老板总会摇摇头，欲言又止。

最近，吉姆的一个同事又升职了，这样仅剩吉姆一个人在最底层了。吉姆觉得不服气，他去找老板说："为什么升职加薪都轮不到我呢？"老板说："吉姆，你还在为自己找借口，当你觉得条件尚不具备的时候，为什么不自己去创造一些条件呢？如果你将寻找借口的时间和精力用来寻找一些恰当的方法，我想不用你来找我，我会主动给你升职加薪的。"

假如所有的行动就好像发射火箭一样，在发射之前所有的设备、程序等条件都必须全部到位，行动只有在发射瞬间，那这个理由确实是合适的。然而，在我们现实生活中，如果真的等到全部条件具备齐全之后才开始行动，那就会丧失机会。"条件不具备"其实也是自己逃避责任的借口，以条件不具备作为借口不行动，只会延误计划，丧失机遇。如果我们觉得自己能力不足，为什么不去寻找自己到底哪里不足，而总是找借口说"我不行"？

1.找准自己的责任

不管做什么事情，都要记住自己的责任；不管在什么样的工作岗位上，都要对自己的职责工作负责。千万不要用任何借口来为自己开脱或搪塞，因为完美的执行力是不需要任何借口的。

借口是一面挡箭牌，这本身就是一种不负责任的态度。时间长了，对自己绝对是有害无益。若你花了太多的时间去寻找各种各样的借口，就会不再努力工作，不再想法设法地争取成功。对老板吩咐下来的任务，如果你不想做，就会去找一个借口；如果你想去做，就会去找一个方法。因此，找借口不如找方法。

2.不需要找借口

每天，我们需要对自己说：“我是一个不需要借口的人，我对自己的言行负责，我知道活着意味着什么，我的方向很明确，我知道自己的目的怀着一种使命感做事情。我行为正直、自己作决定并且总是尽自己最大的努力。我不抱怨自己的环境，努力克服困难，不去想过去而是继续去实现自己的梦想。我有完整的自尊，我无条件地接受每一个人，因为在上帝的眼中，我们都是平等的，我不比别人差，别人也不比我好。作为一个没有任何借口的人，我对自己的才能充满信心。”

小贴士

其实，在每一个借口的背后，都隐藏着丰富的潜台词，那就是逃避困难和责任。智者会说：“我会尽力想办法的。”当许多事情已经形成了定局，我们只能寻找方法，而不是寻找借口。

有想过比抱怨更好的解决方法吗?

英国著名作家奥利弗·哥尔德斯密斯曾说：“与抱怨的嘴唇相比，你的行动是一位更好的布道师。”面对生活里的一丁点不如意，人们最普遍的习惯是埋怨，不停地埋怨，埋怨父母不理解，埋怨社会太现实，埋怨朋友的欺骗，埋怨上天的不公，于是，埋怨成为了一种习惯，然而，那些不如意的事情、悬而未决的事情并没有得到真正的解决，自己的情绪反而陷入了恶性循环，结果，心中的怨气反而会阻碍前进的路途。

成功只会垂青那些积极主动的强者，只要你敢于担当，勇于接受来自生活的挑战，那么，任何艰难险阻都会变成坦途。真正的强者，从来不埋怨，他们总是会把那些消极的想法从内心中扫除殆尽，让自己的内心充满阳光、充满希望。

从前，有一个年轻的农夫，他平日的工作就是划着小船，给另外一个村子的居民运送自家的农产品。那会儿正值天气炎热、酷暑难耐的季节，年轻的农夫汗流浃背，感到苦不堪言。为了尽快完成工作，农夫心急火燎地划着小船，以便能在天黑之前返回家中。突然，年轻的农夫发现，在前面有一只小船，沿河而下，迎面朝自己快速驶来，眼看着这两只船就要撞上了，那只小船却丝毫没有避让的意思，似乎是有意撞翻自己的小船。年轻农夫心中顿时有了火气，大声对那只船吼道："让开，快点让开！你这个白痴！再不让开，你就要撞上我了！"但是，农夫的吼叫完全不管用，那只船还是义无反顾地向自己驶来，尽管农夫手忙脚乱地为其让开水道，但为时已晚，那只小船还是重重地撞上了他的船。年轻的农夫被激怒了，他怒视对面的那只小船，但是，令他吃惊的是，那只小船上空无一人，被自己大呼小叫责骂的只是一只挣脱了绳索、顺河漂流的空船。

原来，再多的责骂、埋怨，也不能改变事情的发展方向，反而会阻碍你前进的路途。有人说埋怨是一种宣泄，一种心理平衡，似乎埋怨可以将那些不如意的事情发泄出来。每天，我们都可能会面对许多不如意的事情，如果只是一时的埋怨，这还可以接受，但是，有时候，埋怨久了就会形成习惯，而埋怨的根源是对现实的不满意。

从前，有一位年老的印度大师，在他身边有一个喜欢埋怨的弟子。有一天，印度大师让这个弟子去买盐，等到弟子回来后，大师吩咐这个喜欢埋怨的弟子抓一把盐放在一杯水中，然后喝了那杯水，弟子按照师傅的吩

咐一一做了，大师问道：“味道如何？”龇牙咧嘴的弟子吐了口唾沫，说道：“咸！”

大师一句话没说，又吩咐弟子把剩下的盐都撒入了附近的一个湖里，听从师傅的吩咐，弟子将盐倒进湖里。大师说：“你再尝尝湖水。”弟子用手捧了一口湖水，尝了尝，大师问道：“什么味道？”弟子回答说：“味道很新鲜。”大师继续追问：“那你尝到咸味了吗？”弟子回答说：“没有。”这时，大师才微微一笑，说道：“其实，生命中的痛苦就像是盐，不多，也不少，在生活中，我们所遇到的痛苦就这么多，但是，我们体验到的痛苦却取决于将它放在多大的容器里，所以，面对生活中的不如意，不要成为一个杯子，老是埋怨，而是成为湖泊，去包容它，通过实际行动来改变自己的现状。”弟子若有所悟地点点头。

罗斯福说：“未经你的许可，没有任何人能够伤害你。”有的人自己办不好事情，别人办了漂亮事，他还会到处埋怨：“其实我很有能力的”“他凭什么就能得到上司的重用啊”“这件事我会比他做得更好，可上司偏偏不找我嘛”。而真正的结果，却是因为自己没有能力，心中才充满了怨气。

1.要么接受，要么改变

一个人来到这个世界上，面对生活中的诸多不如意，我们只有两个选择，要么接受，要么改变。抱怨是接受事实的一个阻碍，我们总是想到：这件事对我是不公平的，这样的事情怎么会发生在我的身上呢？我怎么能接受这样的事情呢？

2.与其抱怨，不如行动

一种强烈的倾诉欲望开始萌发，我要去对别人诉说，以此证明我的无辜和委屈，于是，在我们埋怨不公的时候，我们已经失去了去改变这件事

情的机会。那么，当我们无休止埋怨的时候，有没有想过比埋怨更好的解决方法呢？

真正的强者，致力于如何解决问题，如何完成这件事情，而不是去埋怨上天的不公，所以，强者最后会在努力中赢得成功，而无能的人只能在埋怨声中销声匿迹。

做好本职工作，无需借口

没有任何借口，不仅只是做好本职工作的前提，更是缓解工作压力的基础。在日常工作中，人们总会遇到各种各样的问题，这时，往往有两种态度：一种是找借口躲避；另一种是找方法解决。不少人觉得，自己没办法解决问题，能躲就躲吧，其实，这就是找借口的典型例子。不同的态度，不仅是不同工作效果的根源，更是不同命运的根源。那些主动找方法解决问题的人，必然是发展最快最好的人；而那些不断找借口的人，必然是最没有发展的人。“找借口”是工作中最大的恶习，是一个职业人逃避应尽责任的表现，它所带来的，不仅仅是工作业绩的失败，甚至会给公司和社会带来不可想象的损害。因此，要想成为一名优秀的职业人，需要做好本职工作，在任何时候，都不要找借口。

小张毕业后的第一份工作，是为公司的老总做秘书，而她做好的绝不仅仅是本职工作而已。工作没多久，小张便了解到老总患了一种慢性病，

严重时会影响到工作，对此，小张显得格外小心。

有一天，小张在上班路上发现了一家药店的广告，正在介绍一种可以治老总病的特效药。于是，小张赶紧下车将药买下，没想到这一耽搁，让从不迟到的她晚到了半个小时。她到了办公室，老总正急得找她要资料，因此，他将迟到的小张很不客气地训斥了一顿。在那一刻，小张觉得自己很委屈，当时就想解释，但转念一想：不迟到是公司的规定，有什么理由不遵守呢？于是赶紧道歉，一如往常地工作。

下班了，小张悄悄地将药放在了老总的桌子上，准备离开。老总发现了药，一下子反应过来，当他得知真实情况的时候，对自己早上的言行感到内疚，问小张："你为什么不早说呢？"小张只是很诚恳地说："您对我的批评是对的，不迟到是每个员工都应该遵守的规定，不论出于什么理由，我都不能找任何借口。"

许多人在工作中秉承这样一个理念：干好工作就行了，其他事情跟我有什么关系呢？对此，许多人问小张是如何做到的，小张笑着说："其实我也只是转换一下思考问题的角度而已。如果只从自己的角度与感受出发，当然做不到。但是，只要我们围绕工作应尽的责任来思考，就会觉得非做不可！因为一个对自己负责的人，是没有任何借口的！"或许，小张的这几句话对那些总在找借口的职业人会有很大的帮助。

此外，在工作之余，我们还可以通过一些小技巧来获得快乐。

1.与身边的上司、同事保持良好关系

我们最大的苦恼就是无权选择和什么人一起工作，假如与其他人的关系不好，那工作就可能变成苦恼之源。所以，在工作中需要与上司、同事保持良好关系，需要注意的是不要过于责备别人；不要在意上司的批评；不要讲闲言碎语；不要与人争辩。

2.以自己的工作为荣

即便你并不是很喜欢你的公司，也应该努力把工作做好。因为，只要你努力做好工作，就能够获得成就感，并且从中找到工作目标。假如你觉得自己的工作没有任何意义，那你内心就会感觉到无穷的压力，你根本没办法在工作中获得快乐。可以说，良好的工作态度有助于上司的青睐以及同事的赞赏。

3.不要将工作带回家

下班之后基本上就自由了，严格区分工作与生活。尽量不要把任何工作带回家，包括检查电子邮件或考虑工作安排。当晚上来临，就努力把白天的工作忘掉，做自己喜欢做的事。

4.不要承担巨大压力

许多公司都有巨大的销售计划和利润目标，这样的公司理念很容易将压力带给员工，使得工作环境也变得压力十足。但是，作为员工，我们没有必要强迫自己背负这种重压；不如把精力放在关键的工作环节上，并且多注意到方法，缓解工作压力。

5.不要闲言碎语

人们很容易被办公室的八卦对话所吸引，或许从这些流言中获得暂时的快感。然而，这些快感给别人带来的伤害却是长时间的，很可能破坏你与其他人之间的关系。所以，不要在别人说闲话的时候煽风点火，应表现出一些善意。假如你说过别人的闲话，那或许同样的事情也会发生在你身上。

6.午休时好好放松

一旦有时间就尽量摆脱充满压力的工作环境，换个环境可以让头脑更清醒。假如你把所有的时间都花在办公室里，你甚至有罹患幽闭恐惧症的

风险。在午休的时候，可以找个优雅的咖啡馆或小花园放松一下，这可以帮助自己恢复精力。离开了办公地点，不管是独处还是找朋友聚聚，都是很好的选择。

一些人在工作失败后总是为自己找借口，从来不反省自己的过失，结果，非但自己本职工作没做好，反而搞得心情很差。其实，找一次借口并不可怕，可怕的是将逃避和推脱变成了习惯，到最后，就连借口也成了自欺欺人的手段，这无疑会成为阻碍自己向前发展的枷锁。

失败的人找借口，成功的人找理由

失败不需要借口，成功却需要理由。借口是失败的温床，而习惯性的拖欠者通常会成为制造借口的专家。他们经常会为没有做成的某些事情而想方设法地寻找借口，或许想出各种各样的理由去为那些未能按计划完成的事辩解。人的一生总会有太多的失败，那些失败的人总是为自己的失误找借口，当他们不能完成一件事时，就总是抱怨“上天不公平”“老板偏心”等，这些看似说得过去的理由其实都不是失败的真正理由，这些只是借口。

在通向成功的路上，即便是荆棘满地，也需要咬牙挺过，坚持才是最大的胜利。如果说成功需要理由，那就是不断地坚持，再坚持，不达目的誓不罢[illegible]失败后不要去寻找借口，失败了就是因为不够坚持，没有付出

努力，如果你总是为失败找借口，那些不真实的理由只能逼着我们一次又一次地为自己开脱，最终一次又一次地失败，如此，我们与成功就好像走不同方向的两个人，永远没有碰面的时候。

杰森·基德作为美国职业篮球协会1994—1995年赛季的最佳新秀，其成功的座右铭是——没有任何借口。

在杰森·基德小时候，他的父亲常常带着他去打保龄球。当时，基德打得不怎么好，不过他总会跟父亲解释自己为什么打得不好。这时父亲就严厉地告诉他："你别再为自己找借口了，这些不是你打得不好的理由，我能说出你打得不好的原因是没有时间练习。"从那时候起，基德就学会了不为自己找任何借口。即便成年后的基德，也总是竭尽所能地多练习，以此提高自己的技术。所以，每当达拉斯小牛队练完球，基德总是一个人留下继续练习投篮，当然，成功最终给了他最好的努力理由。

生活中很多小习惯、小细节，如总是为自己没有完成的事情找借口，都是影响你是否成功的关键因素。大部分人的借口都是"我很忙""我没时间"。失败是没有任何借口的，失败了就是失败了，我们在接受失败这个事实的同时，需要反省自己，而不是为失败寻找借口。当然，成功并不是随随便便就能获得的，我们必须付出艰辛的努力，在成功的道路上，我们要不断为之寻找理由，那些坚持、付出的汗水与艰辛都可以铸就最后的成功。

在生活中，借口往往是那些失败者的挡箭牌。某件事没办好，就想方设法地找一些冠冕堂皇的借口，推卸自己应该承担的责任，以换取别人的理解和原谅，同时令自己的心灵得到暂时的安慰。

当今社会的竞争十分激烈，我们每个人都在为自己的未来苦苦打拼。在这个过程中，有人升职了，有人降职了；有人成功了，有人失败了。当

我们每个人都怀揣着希望站在起跑线上的时候，我们相信，我们的憧憬都是一样的，对未来的期待也是一样的。但我们最终的结局不一样，原因就在于：失败的人总是寻找借口，成功的人总是寻找理由。

1.“我不行”是最烂的借口

在西点军校，每个学员都会说：“我一定能行。”西点人认为，没有做不到的事情，如果你轻易地对人说：“我不行。”那只是你为不能完成任务而寻找的借口。实际上，在这个世界上，没有我们做不到的事情，只有我们不敢想的事情。

生活中，面对一些事情，人们总会说“我不能”“我做不到”，这件事还没开始，就先否定了自己，这样所能达成的目的就是寻找借口，逃避自己。在西点，没有任何借口，他们都坚信没有自己做不到的事情，只有无处不在的借口。

2.别逃避自己

如果有人说“水声可以卖钱”，你一定会说：“这是不可能的事情。”但是，在美国有个人用立体声录下许多潺潺的水声，复制后贴上“大自然美妙乐章”的标签高价出售，大赚了一笔。事实上，我们每个人都是战无不胜的，我们可以完成许多难以想象的事情。如果你总是在犹豫着说“我不行”，那就是为自己的逃避寻找借口。如果我们在梦想萌芽时就出发，那我们一定可以完成自己的梦想。

3.别在心里默认高度

在生活中，许多人不敢追求成功，并不是因为追求不到成功，而是他们喜欢为自己寻找借口，在还没有开始追逐之前就在心里默认了一个“高度”，这个高度常常暗示自己：成功是不可能的，这个是没办法做到的。

心理高度是很多人为自己寻找的借口，借口让他们开始自我设限。因此，永远不要再为自己寻找借口了，我们应该不断地告诉自己：我能行，我努力就一定能完成，我是最优秀的。

生活不需要眼泪，需要汗水

意志坚强的年轻人认为世上无难事，越是遭受悲剧和打击，越是表现得坚强。一个拥有坚韧精神的人一定不会怀疑自己是否能成功，也从来不惧怕失败，因为他有必胜的信心和坚韧的精神，只知道不断向前冲，不断向目标靠近。

谈及《哈里·波特》，想必每个人都能说上两句。但很少有人知道，这本书的作者J·K·罗琳是哈佛大学的荣誉博士。罗琳曾说，“人们有一个共识：人可以从挫折中变得更聪明更强大。”这句话意味着人从此对自己的生存能力有了更好的把握。如果没有苦难来考验你，那么你从来都不会真正懂得自己，懂得你处理各种关系的力量有多大。在人生的道路上开创出一番事业的人，他们都深深体会到挫折、苦难对人生的历练。生活不相信眼泪，也不需要眼泪和抱怨，而需要付出汗水和坚韧。

一个人不可能做什么事都一帆风顺，困难和挫折是在所难免的。但是，我们绝不能被挫折吓倒，而是要用理智面对它，冷静地找到战胜它的办法。心理承受能力差的人面对突如其来的挫折时，或是后退，或是消极

抵抗。只有那些敢于挑战困难，能够审时度势，采取积极进取的态度面对挫折的人，才会成就一番事业。

成功者正是靠着坚忍不拔的品质，使自己从社会的底层走向成功。年轻人，永远记住：生活中，幸运只降临在那些具备坚韧精神，为最终胜利孜孜不倦付出的人身上；而缺乏了这种精神的人，哪怕成功近在咫尺，也只会与成功失之交臂。

挫折是一条欺软怕硬的狗，你越畏惧它，它愈威吓你；你愈不将它放在眼里，它愈对你表示恭顺。坚强的人，即使是再多的失败和挫折，也阻挡不了他前进的脚步。如果在连续多次跌倒之后，一个人还能充满斗志不言放弃，那他就是一个值得敬佩的人，也是一个定会有所作为的人。

第11章 承担责任，增强自我效能感

习惯拖延的人，总是怯于承担责任。当他们需要去完成一件事时，总会因各种原因推迟开始行动的时间；而且，在做事情的过程中，也特别容易半途而废，或者不断推迟行动，最终导致事情不了了之。因此，拖延症患者需要勇于承担责任，增强自我效能感。

真的是工作难以完成吗?

在职场中，要学会自己独立地去完成一件事情，这样才能使你受到老板的赏识。在做一件事情的过程中，或许会有一些困难，但是只要你下定决心，那么就没有你办不成的事情。聪明的人在上司吩咐任务的时候，不会有畏难情绪，他们永远会把那些艰巨的任务应承下来，然后再去想解决事情的办法。如果你一开始就拒绝了，那么你就永远没有机会获得成功。上司吩咐的事情，虽然是充满了挑战性的，但绝对是可以做到的。所以，要记住，只要你自己有决心，就没有办不成的事情。

在这个优秀者处处有更多选择机会的社会里，我们要学会用自己的决心来让上司对你刮目相看。为了让自己像优秀者一样表现得出色，我们需要付出双倍的努力。千万不要为自己冠上弱者的称号，那样只会让你一次又一次地与成功失之交臂。在职场上，拿出自己的信心，相信自己一定能够做得很好。无论是做任何事情，都要有决心，那才是你战胜自己的秘诀。一旦你下定决心，就要努力去做，不要为自己的懒惰找借口，那是在暗中破坏自己成功的机会。不要做什么事情都做不好，给上司一个“花瓶”的印象，否则职场生涯只会让你充满痛苦。

没有人能够预知事情的结果，但是每个人都能够通过自己的决心来改变事情的未来，你可以摘得胜利的果实。聪明的人总是对自己所接手的

工作信心满满，并且有把它做成功的决心。他们在做事情的过程中，已经在幻想着自己成功的喜悦，所以他们往往能够凭借自己的决心做好一切事情。

1.心中有畏难情绪

有时候，其实是我们自己心中的畏难情绪放大了事情的难度，所以才会产生“自己不行”的思想。一件事情，能够成功地做好它，关键并不在于它本身难不难，而在于你自己有没有去做的决心。无论工作难度多大，也要相信自己一定能够完成。

2.相信自己“一定能做好”

无论面对的工作难度有多大，都要相信自己能够完成。从现在开始，不要在做事情之前就去想失败，你可以设想自己成功的场景。不停地告诉自己“一定能成功”，同时下定决心“一定要做好”。

拥有这样积极的心态，就一定能把工作中的每一件事都做好。不要总是困难还没来就逃跑，这样会让你永远失去成功的机会。做任何事情，不要逃避，不要拖拖拉拉，只要你有决心，就没有不能完成的事情。只要你有决心，就能够成功，就会受到上司的欢迎，就会让你在职场中无往不胜。

不逃避困难，勇于承担责任

爱默生说：“责任具有至高无上的价值，它是一种伟大的品格，在所

有价值中处于最高的位置。”如果你想要更出色，就不要害怕承担责任，因为责任是你走向成功的起点，责任是超越自我的必要条件，责任往往能成就一个人的成功。无论做什么事情，只要认真地、勇敢地担起责任，你就能得到别人的尊重。

在生活中，每个人都扮演着不同的角色，而每种角色又承担着不同的责任，我们最大的成功就是完成自己的责任。内心的责任感，会让我们在困难时咬牙坚持下去，在成功时保持清醒的头脑，在绝望时坚决不放弃。承担责任，在某些时候，并不单单为了自己，也是为了别人。

在生活中，有许多人习惯寻找各种理由为自己没有完成的事情推卸责任，他们将本该自己承担的责任转嫁给他人。一个逃避困难、不敢承担责任的人，势必缺乏做事的能力和魄力，没有人会相信他能做好事情。

有一个小姑娘到东京帝国酒店做服务员，这是她进入社会的第一份工作。但是，让她万万没有想到的是，上司竟安排她去洗厕所。而且，上司对她的工作要求很高：必须把马桶抹洗得光洁如新！

怎么办呢？是接受这份工作，还是另谋职业？小姑娘陷入了矛盾之中，这时，一位曾洗过厕所的先辈不声不响地为她作了示范，当他把马桶洗得光洁如新以后，他竟然从中舀了一勺水喝了下去。看到对方的工作态度，小姑娘明白了什么是工作，什么是责任。

于是，她漂亮地迈出了职业生涯的第一步，同时，也踏上了成功之路。后来，她所清洗的厕所，从来都是光洁如新，而且，她也不止一次喝过马桶里的水。几十年过去了，她成为日本政府的邮政大臣，她就是野田圣子。

在做事的过程中，放弃责任就等于放弃了成功的机会，因为强烈的责任感能激发一个人的潜能。我们经常可以看见这样一些人，他们缺乏最基

本的责任感，当有人强迫他们工作的时候，他们才勉强应付工作，这样，他们又怎能发挥出自己的潜能，怎能有自己的魄力呢？

阿基勃特是美国标准石油公司的一名小职员，他平日对人很诚恳，工作十分努力，而他给人印象最深刻的还是那个绰号——每桶四美元先生。

原来，阿基勃特每次出差住旅店的时候，他总是会在自己签名的下方，认真地写上这样一行字“标准石油每桶四美元”。而在平日来往的书信和各种收据上，只要是他的签名，他也一定会写上那句话。时间长了，同事不再叫他阿基勃特先生，而是称他为“每桶四美元”先生了。

有一天，这件事情被公司上层知道了，就连公司当时的董事长洛克菲勒也听说了这件事。洛克菲勒很惊奇地说：“本公司竟然有这样的职员，他无时无刻不在宣传公司的产品，我一定要见见他。”于是，他热情地邀请了“每桶四美元”先生共进晚餐。

后来，洛克菲勒董事长卸任，“每桶四美元”先生，也就是阿基勃特先生成为了标准石油公司的董事长。

其实，签名是标准石油公司任何一名员工都能做的事情，但是，只有阿基勃特做到了。在当初嘲笑他的人中，肯定有不少有才有志的人，但是，因为缺乏“每桶四美元”先生的那么一点责任感，到最后，只有阿基勃特成为董事长的接班人。

1.别逃避责任

在生活中，害怕承担责任的人屡见不鲜，而如此逃避责任是一件不光彩的事情。那些不敢承担责任的人，他们往往打着这样的借口：“这不是我的错”“我不是故意的”“本来不会这样的，都怪……”“这不是我做的事情”……其实，这些都是他们逃避责任的借口，他们全盘否认自己的过失，推卸责任。只是，在他们成功地推卸责任的同时，他们也失去了做

事应有的魄力。一个敢于承担责任的人，他总是充满着魄力，浑身洋溢着无尽的神采。

2.别推卸责任

在一个严重错误发生之后，大多数人会为自己找借口，或者把责任推到相关的人身上，因为害怕承担自己抉择的后果，他们选择了逃避责任、推卸责任。在任何年代，只有那些敢于承担责任的人才是勇敢的，无私的，责任是他们不断前进的动力。

责任使人进步，逃避使人退步。一个优秀、有魄力的人，应该怀有很高的责任感，对自己负责，对自己所做的一切负责任，无论那些事情是对还是错。但是，在现实生活中，敢于承担责任的人早已经微乎其微。

不留后路，才容易找到出路

只有不留退路，才更容易找到出路。反之，如果你总是想着退路，就很难获得成功。一个人若是太纵容自己的懒惰和欲望，就很容易迷失方向。或许，有人会说，不留退路是不明智的选择，有了退路，才能在危险的浪潮中获得更多生存的机会。然而，人们很容易忽视，对于大多数人而言，退路往往是诱惑人、蒙蔽人的因子，只要想到了退路，人们就会觉得，即便这次不全力以赴，也还会有下次机会。而就是往往在这个时候，成功与我们失之交臂。

有一只品种优良的猎狗，被主人训练得十分壮硕，追捕猎物速度很快，而且反应非常敏捷。对于追捕猎物这件事，这只猎狗可以说是驾轻就熟，就好像熟练的渔夫捕鱼。

有一次，主人带着这只猎狗去狩猎，老远发现一只狐狸，主人用枪射击，准头不够，让狐狸给逃脱了。主人一声令下，猎狗便展开自己最拿手的追捕工作。虽然森林里全是狐狸的天地，它对路径十分熟练，跑得飞跑，不过，猎狗也不含糊，追捕之间，过程紧张迭起。

狐狸看起来比较瘦小，跑不过猎狗，眼看就要被追上。突然，一个蹿身，狐狸转往另一条路径去了，猎狗一不留神，身子受了点擦伤，有点痛。它一边舔着自己的伤口，一边想：唉！我追得这么累干吗！追不到狐狸，我也不会饿到肚子啊！念头刚刚闪现在脑海里，它的速度已经慢了下来。这时狐狸又跑远了。

算了，现在早已经脱离了主人视线，反正主人也看不到。猎狗又起了放弃的念头，速度又迟缓起来。

最后，狐狸终于脱离了猎狗的追捕。

一个人做任何事情，心中的意图强烈与否都会大大影响到最终的结果。猎狗没有饿肚子的疑虑，因此放弃的念头轻易闪现，总是想着自己的退路，所以它很容易就放弃了。而狐狸呢？对它而言这是一场生死竞跑，跑慢了就会没命，所以它不敢偷懒，它已经没有退路了，只有不断向前跑，才能活命。西点人认为，做任何事情都是一样的道理，若我们全力以赴，破釜沉舟，就一定能成功。假如我们心中先有预想，为自己找好了退路，那么成功就比较困难。

李嘉诚曾经在五金厂推销铁桶，有一次，他和同事都想把一家正准备开张的旅馆发展成客户。同事抢先一步找到旅馆老板，结果无功而返，当时那位老板有意与另外一家五金厂交易。李嘉诚却迎难而上，决定尝试一下。他先不急着去见老板，而是与旅馆的一位职员交朋友，在交际中获知：老板很疼爱自己的孩子，常因为没时间陪儿子去看赛马而感到内疚。在得知这样的情况后，李嘉诚当即自掏腰包带老板的儿子去看赛马。

当老板知道这件事的时候，十分感动，随后爽快地同意从李嘉诚手中买下380个铁桶。于是，李嘉诚只花了一年的时间，业绩便在同事中遥遥领先，成为全厂营业额最高的销售员。

因为全情投入，给了李嘉诚自我激励，使他赢得了老板的赏识，18岁便被提升为部门经理，并在一年之后当上了销售公司总经理。

在空中自由翱翔的鹰是美丽的，不过，当它们还是幼鹰的时候，过着十分残酷的生活。母鹰为了让它们学会飞行，一次次将它们从高处的树枝或悬崖扔下，退缩胆小的雏鹰跌落在地面，展翅飞翔的雏鹰死里逃生。而在雏鹰成年的时候，母鹰更是残忍地折断它们的翅膀，将它们从悬崖上扔下，不给雏鹰留下任何退路，当雏鹰忍受剧痛，拍翅飞翔，它们便成了真正的鹰。雏鹰的成长过程，其实就是西点人的成长过程。

做任何事情，都要勇往直前，不能畏首畏尾。如果你总是留着后路，迟迟不肯做出行动，那么你永远跨不出成功的那一步。在面对自己梦想的时候，只有全力以赴，竭尽全力，从来不畏首畏尾，也不犹豫不决，最终才能真正赢得属于自己的成功。

服从领导，绝不推卸责任

下属对领导应该是绝对的服从，当然，这只局限在工作中。但既使只是工作上的事情，许多下属也难以做好，因为他们总是喜欢推卸责任。在工作中，每个下属都应该有责任心，责任是个人对工作所负责的认识、情感和信念，以及与之相应的遵守规范、承担责任和履行义务的自觉态度。责任是一个人应该具备的基本素养，是健全人格的基础，也是德商的组成部分。对下属而言，责任是个人价值实现的基础，因此，培养对工作的责任心，就是对自己职场生涯发展负责。

在工作中，下属应该努力把自己培养成一个负责的员工，绝对服从于领导的指挥。若下属可以主动、自觉地尽职尽责，就可以获得满意的情感体验，同时，还可以赢得领导赞许的目光。或许，你的工作能力是不如意的，但你的工作态度是极其值得赞许的。

上周一，王经理将接待客户的事情交给了下属小张，当时，距离客户实际到达的时间还提前了好几天。因此，王经理是这样交代的：“之所以提前这么多天跟你布置这个工作，是因为这个客户很挑剔，比如所定的酒店以及餐饮，他都有很严格的要求，因此你需要花几天的时间去准备，切记做到万无一失。”小张点点头，拍着胸脯保证：“王经理，放心吧，我一定会办好的。”

谁知，经过了这么多天的准备，在接待客户时还是出现了问题。那位脾气很大的客户直接打电话给总公司投诉，而负责这件工作的王经理首先就被批评了一顿。王经理回到办公室，找来了具体负责接待客户的小张，质问道：“我给你一周的准备时间，你都去干吗了？”小张低着头，辩解

道："本来我也是做足了准备工作的，谁料，这个客户比传说中还苛刻，我真是受不了，由于宾馆无线网络设置不太好，结果也成了他投诉我们的理由……"王经理听了很生气，说道："事情没办好，你倒推卸起责任来，我当时可是很明白地告诉你，这个客户很重要，同时很挑剔，希望你能与之好好协商，将所有的住宿工作安排妥当，结果你呢？现在竟然跟我东扯西扯，你觉得这是你应有的工作态度吗？"小张嘟哝着："这事情本来就是这样。"王经理挥了挥手："现在我也不想跟你说下去，你下去写份检讨书。"

在案例中，小张所说的"本来我也是做足了准备工作的，谁料，这个客户比传说中还苛刻，我真是受不了，宾馆无线网络设置不太好，结果也成了他投诉我们的理由……""这事情本来就是这样"，这些都是推卸责任的借口。

司令官要为士兵树立榜样，要为下级的行动负责；同时，下级也要以同样的责任感和行动回报长官。在生活中，若我们能够主动、自觉地尽职尽责，就可以获得满意的情感体验；相反，当你没有责任心，不能尽责的时候，就会产生负疚和不安的情绪。因此，对我们来说，责任心是健全人格的基础，是未来能力发展的催化剂，更是我们成功所必需的一种条件，它能够帮助我们成长和独立。履行自己的义务是责任，承担自己的失败与过错，这也是一种责任。在任何时候，我们都不要为自己的错误寻找借口。

从少年时代开始，人们就应该开始学习和养成听从责任的召唤这样一种恭顺的心态，即便生命是有限的，我们也必须听从责任的召唤，直到我们生命的最后一刻。责任，从其最纯粹的形式上说，它具有强制性，以至于一个人在尽职尽责的过程中彻底忘却了自身的存在，这就是责任的核心

所在。它要求一个有责任感的人在履行职责的过程中不能患得患失，而应当不折不扣地完成自己的职责。

1.尽职尽责地工作

当你总是推卸责任，不能尽责的时候，领导就会觉得你是一个毫无作为的人，既然已经做错了、失败了，为什么连责任也一起推掉了呢？因此，如果工作中真的需要自己去承担某一部分责任，作为下属，我们应该当仁不让，努力做一个绝对服从的好员工。

2.服从领导

在职场或官场中，这样的下属不在少数——他们在应承的时候，总是拍着胸脯说“没事，包在我身上”，一旦事情没办好，就开始推卸责任。其实，这样类型的下属只会让领导厌恶，从而不再信任。因此，下属对于领导，一定要绝对服从，绝不推卸责任。

3.敢于负责

在工作中，下属对领导的服从并不仅仅是行为上的，还需要在语言中表现出来。比如，接到领导布置的任务，只要自己能应付过来，就需要顺从；当工作在进展途中出现了一些问题，也要善于服从，接受领导的批评，主动承认自己的失误，不仅说到，更需要做到。这样领导才会感觉得到你内在的责任心，才会信任于你。

丘吉尔曾这样说过：“伟大的代价，即是责任。”这句话一次又一次被那些为人类幸福而奋斗的人所证实。不懂得负责、不懂得责任重要性的人难以获得成功，更难以赢得领导的青睐。凡是能够作出一番成就的人，

都是懂得为自己的过失埋单并且敢于承担责任的人。

既然接受任务，就要担负到底

不管我们处于什么样的环境，唯一不能放弃的就是责任；不管别人对你是褒还是贬，都需要一如既往地走下去，接受了，就意味着你要负责到底。谁放弃了自己的职责和责任，谁就放弃了人生的基石。那些成功人士中，从来没有人愿意去做责任的逃兵，从接受任务那天起，他们就认定了自己的责任，并且愿意承担自己的责任，永远不放弃。

众所周知，麦克阿瑟是一位备受争议的人物。在他的心里，充满着强烈的成功欲和表现欲。麦克阿瑟的母亲出身于贵族家庭，在他很小的时候便向他灌输功名思想，母亲如此的做法使得他从小就树立了强烈的责任意识。不过，另一方面，这也让他养成了一些坏习惯，比如好大喜功，争强好胜，对于一些小事情总是不屑一顾，不愿意去做。

1903年，年仅23岁的麦克阿瑟以优异的成绩毕业于西点军校，被分配到工兵部服役。刚开始，他被安排到萨克拉门和圣华金谷参加一座矿井的管理工作。不过，麦克阿瑟觉得这项工作很没趣，没有任何挑战性，于是情绪变得很低落。

第二年，麦克阿瑟与第三工兵营一起被派往菲律宾执行任务，回国后进入华盛顿的一所高级工程师学校深造。在学习期间，幸运的他成为了西奥多·罗斯福总统的兼职低级军事助手。与学校里枯燥的学习相比，白宫里的社交活动更令他感兴趣，以至于他荒废了学业。这使得学校的校长大为不满，他曾抱怨：“我不得不遗憾地如实报告，麦克阿瑟

中尉缺乏职业热情，他表现平平，比西点军校的履历表上所记载的要低能得多。”

后来，毕业后的麦克阿瑟被分配到密尔沃基，主要是进行一些工程计划和监督工程实施情况。对争强好胜的麦克阿瑟而言，这一点点权力并不能使自己满意。他经常离开自己的工作岗位去寻找一些更感兴趣的事情，对此，他的长官表示：“我认为麦克阿瑟中尉在执行任务时，没有表现出推荐书中所列出的优点，他除了相貌英俊、仪表堂堂之外，所履行的职责无法令人满意。”

这样的评论被麦克阿瑟知道了，他很是不满，当即反驳说：“在任职期间，我一直认为自己行为得体，遵守纪律，没有什么出格之处，少校如此评价令人伤心。如果这样下去，我认为自己没有必要在军中再继续干下去了。”不仅如此，他还越级上报给更高的长官，认为可以为自己讨回公道，出乎意料的是，麦克阿瑟当场被批评，长官指责他不应该越级汇报，说他这种违反规定的行为本身就证明别人对他的报告是正确的。

我们可以猜测出后来的结果：经过了这样一番考验之后，麦克阿瑟才真正地成长起来。他没有因外界的非议和指责而堕落下去，而是更勇敢地承担起肩上的责任，最终走向了成功。

艾森豪威尔曾说：“根据我想象中的制度，美国每一位年轻男子，不论他在生活中的地位如何，也不管他将来有什么计划，都应受49周——一年扣除三周假期的军事训练。政府会为他们提供膳宿、服装和其他必需品，不过受训人员只能得到少量的津贴，比如说每个月5—10美元，作为零用钱，这样做对于抵制不负责任的行为和防止犯罪大有好处。”其实，西点军校的这个训练还有一个好处就是：那些成长起来的西点学员将随着内

心责任感的加深而变得更有原则，不再为诱惑所迷惑，也不会再为任何事情而忘记自己的责任。

华盛顿担任过大陆军总司令，带领美国人民取得了美国独立战争的胜利，后来又担任美利坚合众国总统。不管他担任什么职务，他在履行自己的职责时总是坚定不移，从来不计较个人得失。

有一次，美国政府就美驻英大使和英国签订一个条约问题展开了激烈的争论，大多数人都希望华盛顿拒绝签订这一条约。但考虑到个人道义与国家声誉，华盛顿没有苟同大多数人的意见。最后，社会上掀起了许多反对这个条约的抗议运动，人们把内心的怒火发泄到华盛顿身上，一些情绪激烈的抗议者还向华盛顿扔石头。虽然这样，华盛顿依然尽职尽责，顶着巨大的压力签署了这个条约。

独立战争胜利之后，华盛顿以其卓越功勋而成为美国最高领导者，这本应是顺理成章的事情。然而，一些阶层和集团想效仿英国君主制，希望他登基称国王，他统率的军队也表示支持，但华盛顿坚决反对。他这样写道："让我恳求你们，如果你们对你们的国家还有一丝尊敬之情，如果你们还为你们自己和你们的子孙后代着想，或者你们还尊重我，那么就从你们的头脑中彻底清除这种念头，我认为这个念头包藏着可能降临我国的巨大灾难。"于是，他主动辞去了大陆军总司令职务，不当国王，而是恢复了一个普通人的身份。

华盛顿在任职与辞职的时候，他都是以国家和人民的利益为出发点，从来不为个人索取什么，可谓大义所在。为了国家和人民，他鞠躬尽瘁，死而后已，而这恰恰是职责与责任的本质所在。

1.不做逃兵

一旦我们接受了某种使命，比如成为某公司的一名员工，我们就应该

为自己的所作所为负责到底，永远不要成为使命的逃兵，也不要总是抱怨这抱怨那。因为这一切都是我们的责任。如果你总是觉得别人对你的评价是不中肯的，那只能证明你没有履行好自己的职责和责任，这就是西点军校告诉我们的真理。

2.不被外界所迷惑

不管我们处于什么环境，都不要被外界的诱惑所迷惑，一定要坚持自己的使命和职责，这样我们才能成为一个有责任感的人，才能真正地成熟起来。诚然，在履行职责的过程中，我们可能会遇到一些诱惑，心灵会短暂地被迷雾所遮盖，这时如果不坚定自己的信念，就有可能做出一些有违自己责任感的事情，甚至会破坏自己已经履行的职责。

在任何时候，我们都需要坚定信念，保持高度的责任感，这样会让我们抵制外界的诱惑，成功地履行自己的职责。为了自己履行的责任，可以不计较个人荣辱得失，心灵不再被迷雾所遮盖，不被任何诱惑吞噬，做到了这些，我们就可以称为一个有责任感的人。

学会对自己的一切行为负责

责任是无处不在的，不管是一名军人还是一个普通人，都离不开责任的约束。责任和权利是对等的，当我们在享受权利的同时，也要尽到自己的责任。每个人都需要具备主人翁的心态，为自己或自己的团队所做的

事情负责。对于责任的性质的界定是异常宽泛的，几乎没有明确的规定，比如生活、社交或伦理方面的，包括遵守纪律、维护纪律的责任；警惕色情、不进行性骚扰的责任；保持等级、不超越职权的责任等。

一个人的责任心怎样，决定着他在工作中的态度，决定着其事业的好坏和成败。假如一个人没有责任心，即便他有再大的能力，也不可能做出好的成绩来。

关于责任，不论是文字还是口头的，都需要认真对待。不仅如此，还需要对社会道德方面负起责任，起码需要把扰乱秩序和破坏纪律的过错报告给上级。如果知情不报，则需要跟犯错者一起受罚。这样的严格要求，让我们时刻想着自己的责任，处处履行自己的责任，绝不辜负他人对我们的信任。

1.以主人翁心态做事

一个人有了责任心，有了主人翁的心态，才会认真地思考、勤奋地工作，才能按时、按质、按量地完成工作。在生活中，不管我们是一名默默无闻的员工，还是有权有势的领导，都须具备责任心，凡事尽心尽力去做，以主人翁的心态和身份投入到事业中去，在事业中寻找自己的永恒。

2.敢于承担过错与失败

责任无处不在，我们时时刻刻被要求做到尽职尽责。不管自己遭遇什么样的环境，都必须学会对自己的一切行为负责。尤其是在犯错与失败时，不要去寻找借口，而应承认自己的错误，意识到自己的责任。

责任并不是一个美好的词语，它所带给人们的是岩石般的冷峻。当我

们熟悉这个词语背后的含义时，责任已经作为一份成年的礼物悄然落在我们的肩上。我们需要时时呵护它，而它所能给予我们的却是灵魂与肉体上感到的痛苦，这就是责任。虽然，承担责任的过程是痛苦的，但它最终带给我们的是无价的珍宝——人格的伟大。

阻断心理，养成速战速决的习惯

大部分人的拖延习惯，首先是来自于心理上的拖延。对做事拖沓的人进行劝诫，就如同让抑郁患者高兴起来那么困难。大量事实证明，劝导对拖延者的作用是非常细微的，最重要的还是阻断拖延心理，养成速战速决的习惯。

时刻提醒，写好每日备忘录

你是否有使用“每日备忘录”的习惯？现代社会总是充斥着各种激烈竞争，几乎每个人都在忙碌地生活着，即便是孩子，也需要上各种辅导班，培养特长，还需要完成学校布置的作业。在忙碌的日常生活中，有很多需要记忆的工作。但是，一个人的记忆是有限的，这时就需要一个可以提醒和安排自己工作的东西，可以帮助自己井井有条地处理和安排任务，在有限的时间内完成最紧急最重要的事，而“每日备忘录”则恰恰有这样的作用。

可以说，“每日备忘录”是我们想要记住却又不愿意长久记在大脑里的讯息、文件和资料的存储器，当我们需要时可以再看一下那些日程安排。我们应养成每个早上都看“每日备忘录”的习惯，看看记了些什么事情，真正让备忘录成为一种有用的时间管理工具。同时，备忘录的存在，能帮助我们抑制住冲动的情绪，令我们作出理智的判断。

对职业者而言，“每日备忘录”是引导充分开展有效性行动的重要环节。做好每日备忘录，需要养成习惯，每天把自己能想到的，现在有的、想的或做的以及以后想要做的事情都记在上面。当然，每日备忘录是一种帮助自己记忆的工具，我们可以利用它提醒自己记住那些容易忘记做的事情。比如，在日期表上记下家人的生日，这就是备忘录。最初，人们习惯

通过画圈或标记等方式直接将事情标注在日历表上，不过日历表因太小而无法将一切的事情都标记下来，毕竟上面全部是日期，所以也没有多余的地方供人把备忘录做得更详细。

张小姐有一个提醒自己还贷的备忘录，每个月3号还信用卡，每个月9号还蚂蚁花呗，每个月20号还银行房贷。有了备忘录，她就不至于忘记还款，也就避免了信用不良的记录。每日备忘录可以是大信封、档案夹、抽屉等，从每月1—30号，加以编号。比如说你决定在下周二去医院看望朋友，不妨在每日备忘录的日期上作标记。假如定在周五早上，可以在周四的地方作个标记，然后移到周五，便于再看一次。

有些时候，标注的事情附带一些文件，那就可以用档案袋来备忘。比如，你在本月15日需要出席一个谈判会，而你需要带一些公司的资料。那么，你可以把这些资料装进档案袋，上面标明谈判会的地点、时间、与会人员和原因。或许你可能会忘记出席谈判会或一时找不到资料，但是只要你记得查对“每日备忘录”，便不会忘记这件事。

1.可以将文件归类备注

或许，你在未使用“每日备忘录”之前，文件总是堆满了桌子。现在开始学做备忘录吧，将需要处理的文件按照日期放进档案袋，在放置的地方及想要使用的时间作个标记。在每个月的最初打开当月的档案袋，按照预定的时间将文件放进去。

2.提高做事效率

有了每日备忘录，只需要每天早上看一下当天所需要做的事情，然后轻松地作决定即可。在适当的时候，便知道约会、计划和报告工作，也用不着花时间和精力在其他事情上。这样能帮助你花很少的时间和精力即可提高工作效率。

3.记录未按时完成的计划

备忘录可以记录自己因各种原因未按时完成的计划。比如，你想每周跑步三次，在两个月之前就在每日备忘录里做了记号。当回过头来检查计划时，想想自己以前是否做过。如果按照计划进行，就会感受到坚持的那段时间里自己的变化。

4.促进与他人保持联络

每日备忘录可以帮助自己与朋友保持联络。你根本不需要应该担心哪一天跟朋友联络，只需要将日期标注在每日备忘录里，到时再动手回信或打电话保持联络，这可以促进自己与他人保持联络，增进人际关系。

用每日备忘录记录每天需要做的事情，一旦你熟悉这种方法，就会发现这是简单而有效的时间管理工具。不管在什么时候，及时行动都是每日备忘录的延伸。当然，每个人都需要对备忘录进行精心策划。

积极暗示，改变认识

卡耐基说：“如果只有柠檬，就做杯柠檬汁。”当你第一次尝到柠檬，那酸入心脾的味道一沾舌尖，你就会立即龇牙咧嘴、忙不迭地吐出来。如果上天给你的是个柠檬，的确是一件让人比较郁闷的事情。可能既然命运交给你一个酸柠檬，那么你就得想办法把它做成甜的柠檬，并告诉自己：“这是甜的，我喜欢。”柠檬是又苦又酸的，难以下咽，可是如果

你把它榨成汁，加上糖，倒进蜂蜜，就会变成味道很好的柠檬汁。虽然生命给我们酸苦，但是我们可以让它变得甘甜。有的人一旦拿到柠檬，就会自暴自弃地说：“我垮了。这就是命运，我连一点机会都没有。”然后他就开始诅咒这个世界，让自己沉溺在自怜之中。而聪明的人拿到一个柠檬的时候，就会说：“从这不幸的事件中，我可以学到什么呢？我怎样才能改善我的情况，怎样才能把这个柠檬做成一杯柠檬水？”所以，要学会把自己手中的柠檬做成一杯可口的柠檬汁，那样才能让你的人生充满甘甜和愉悦。

有一位美国的农夫，他经过了多年努力的工作之后，终于用自己存起来的钱买了一块价格便宜的田地。可是他买地之后，心情就十分低落。因为他买的那块土地非常贫瘠，根本不适合种植任何农作物，甚至连干粮作物都长不出来。除了一些矮灌木和响尾蛇，其他什么东西都无法活在这片土地上。

他整日为这件事忧虑着，后来他想到了一个主意，能把这个负担变为资产，挫折变为机会。于是，他不顾身边人们诧异的眼光，开始捕捉地上的响尾蛇，又去买了些机器来生产响尾蛇的罐头。就这样下去，几年之后，他的农庄变成了当地十分有名的观光景点，每年平均有两万名观光客前来参观。

后来，这位美国农夫的生意越做越大了。他把响尾蛇的毒液送往美国实验室作血清，而响尾蛇的蛇皮则以高价售出，用来生产女士的鞋与皮包，然后再把蛇肉装罐卖到世界各地。后来，他们村的邮戳都改为“佛罗里达州响尾蛇村”，以此对这位把“酸柠檬榨成甘甜柠檬汁”的农夫表示致敬。

那位美国的农夫看见自己用所有积蓄购买的土地一片荒芜的时候，

他并没有马上放弃它，而是思考怎么把这一片贫瘠之地利用起来。他针对土地上盛产响尾蛇这样的特点，开始制造罐头，并且把响尾蛇的毒液、蛇皮都利用起来，最终使自己取得了巨大的成功。上天开始只是给了他一个酸柠檬，但他没有因柠檬的酸苦扔了它，而是思考怎么把一个酸柠檬榨成柠檬汁。最后，他不但榨出了甘甜的柠檬汁，还榨出了比原来更多的柠檬汁。他的成功主要源于他自己的心态，乐观、积极向上的心态使他最终取得了成功。

1.改变自己的态度

北欧有一句话："冰冷的北极风造就了强盛的维京人。"上天把冰冷的北极风给了维京人，但是聪明的维京人没有因为北极风丧失生活的方向，而是更好地把北极风利用起来，所以使他们变得十分强盛。当面对一些生活中的困难的时候，悲观的人只会怨天尤人、自暴自弃，甚至一蹶不振，所以失败总是紧紧地跟着他们；而乐观的人则会思考怎么把那些不利的条件转化成能够为己所用的条件，所以他们往往能够登上成功的宝座。

2.学会享受过程

生活中，我们要时刻保持乐观的心态，这样才会使自己的每一天都充满快乐。一个拥有乐观、积极向上心态的人，通常能够取得工作中的成功，获得生活中的幸福。因为，在面对工作和生活中的一些困难或者是挫折时，只有以一颗平和的心去对待，绝不放弃，才能把上天给的酸柠檬榨成一杯甘甜的柠檬汁。

3.学会利用现有资源把事情做成，而不是消极等待

我们要学会给自己的生活增添一些快乐，将酸柠檬变为柠檬汁，时刻以乐观的态度来面对挫折，这样才能找到通往快乐王国的钥匙。如果你只知顾影自怜，即使你住在美丽的城堡里，恐怕也难找到真正的快乐。

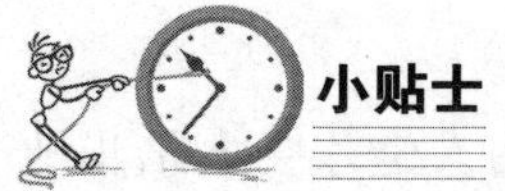

真正的快乐不见得是从享乐中得到，它多半是在一种征服困难的过程中获得的。生活中，我们的快乐并非全来自于享乐，还有一部分是来自一种挑战挫败的成就感，一种超越挫折的胜利，一次将命运的酸柠檬榨成可口柠檬汁的过程。当然，这也是一种自我安慰，一种契合心灵的救赎。

适当放松，转移注意力

在闲暇时走进公园，在观赏美景的同时，放松一下身心，体味美好的生活。走近喷水池，看着高高喷射出的水花，我们不假思索地就会明白这是压力的作用。

就像我们经常见到的喷水池一样，生活中的压力也处处存在。有压力才会有动力，有动力才会让生活有质感。话虽如此，人们在面对来自各方的压力时，却忘却己心，看不清方向，只能在尘世的无奈中任岁月滑去，在心间眉宇间蒙上一层霜。

即使你可以逃避，也只是一时，问题仍然会在下一刻侵扰你的内心。压力给人以苦恼，因此有太多的人一直在寻求解密，渴望让心在失衡的现代社会中找到属于自己的天堂与乐园。但是各种困扰层出不穷地出现在我们的人生里，它似乎变化着花样悄悄地来到我们的身旁，伴着岁月与我们一起成长。如果你能驾驭它，就能成为它的主人；如果你任由它肆意增长，它会成为你人生的一大主题，让你的悲情生活一遍遍地上演。这或许

就是生活的真缔。

能够控制压力，让压力给自己以积极的作用，你的人生才会大踏步地接近成熟。但生活中的很多人已经习惯了在可以选择前进时去选择无所作为，因为前方有太多的苦难要去面对。很多人在能够挑战自己、改变生活时选择了维持现状，因为现实的压力让他们觉得自己进退维谷。哲人说："谁要是害怕走崎岖的山路，谁就只好永远留在山脚下。"谁要是不能在压力面前站直了，不趴下，谁就永远只能在原地踏步，苦闷地思考自己为什么不能拥有收获的喜悦。

如果你也把握不好自己的心境，或者你心乱如麻，那么暂时地忘却也是一种美丽的境界。懂得控制和利用压力的人，是生活中的强者，即使你做不到这点，如果能让自己学会释放压力，让生活变得轻松、恬静，那么你也是一个善待自己的人。压力与心态是紧密相连的，把握好自己的心态，管理好自己的情绪。想让压力降到最低限度，适当地释放，是一种很不错的方法。

1.玩自己喜欢的运动

每个人都有自己喜欢的运动，有的是篮球，有的是羽毛球，有的是跑步……当自己压力很大的时候，可以抛下手头的事情，疯狂地玩一次自己喜欢的运动，让自己在运动中尽情地宣泄，让自己的汗水涌出，这样就会轻松很多。

2.跟朋友一起K歌

其实，唱歌也是一种很好的减压方式，但需要注意的是，我们需要叫上那些比较玩得开的朋友，一群人在一起疯狂地唱和跳，这种感觉会很放松。当然，如果允许，可以喝一点点红酒，微醺的感觉更好。

3.去骑行吧

一辆单车，一个旅行包，就能够进行一场短暂而又放松的旅行了。现在微信、陌陌等社交软件比较发达，在我们身边也有很多骑行组织，你可以选择一个合适的群体，然后一起去骑行。归来之后，洗个热水澡，好好地睡一觉，相信整个人会轻松很多。

4.玩玩游戏

当觉得自己内心压力较大的时候，可以来玩几把游戏，在游戏的世界里尽情地玩耍、驰骋，如此整个人的心情就会感觉轻松很多。不过凡事记得点到为止，不能过度沉迷其中。

现实人生中，当我们处于压力的困扰中时，找一个释放自己内心深层感触的港湾也是一种别致的情怀。暂时的忘却能让心得到抚慰和歇息。让心拥有一刻的洒脱，释放心中的苦闷，得到暂时的宽慰，面对生活。

重振斗志，别做温水里的青蛙

在职业生涯过程中，我们总会处于各种各样的环境中。不过，若是在同一种环境下工作得太久，总免不了会产生一种现象，那就是被环境同化，使自己丧失上进心和适应能力，而只能适应目前的工作环境。大量数据显示，人们做同一份工作差不多3年之后，工作环境就会产生“青蛙效应”：工作环境和身边的同事太熟悉，工作基本缺乏太大的挑战，可以说

是安逸稳定，也可以说原地踏步。对自己而言，尽管现在的工作难度看起来不那么高，也清楚这样的安逸状态持续下去是可怕的，却缺乏接受更难工作的勇气。面对这样的情形，需要警惕了，否则你就真的成了那只温水里的青蛙。

小娜大学毕业后，被父母安排到小镇的政府上班。这是一个悠闲的工作，工资待遇很不错，福利也有保证，工作环境安逸。这对于刚刚大学毕业的小娜而言，无疑是一种幸福，她在自己的岗位上快乐地工作着。而这一时期，一起毕业的同学还在辛苦地奔波找工作，比起他们，小娜觉得自己起点高多了。而且，相比那些销售、广告设计等工种，政府部门不管是人事制度还是工作方式都要更加专业，更重要的是工作难度并不大，每天只需要看看报纸、写写报告就行了，小娜觉得这是非常安逸的工作。

五年过去了，当她发现自己身边的朋友开始步入管理岗位的时候，自己却依然做着小职员的工作，这明她才开始渐渐意识到：一直从事简单的工作，表现自己的机会自然也少了很多，也缺乏学习新东西的机会。而且自己一直安于现状，不主动积极争取机会，这些年来的收获甚至比当初进公司刚开始工作就独当一面的同学少很多。尽管当初自己的待遇算是比较可观的，而现在看起来却是相差很大一截。

任何一份工作都会有令人喜欢的部分，也会有令人不喜欢的部分。一份工作是否让人喜欢，需要综合考虑，比如工作中的满足感、被认同感、个人兴趣、未来发展、薪资福利，甚至工作时间……并非每一个安于现状的人都会成为温水里的青蛙，也并非所有的温水都会一定烧开。每个人的价值取向、性格脾气、家庭情况是大不相同的，作出彻底改变固然值得赞赏，而我们若能在现有的基础上调整自己、适应环境，也是值得夸赞的。

1.你是温水里的青蛙吗？

工作中涉及专业技能的内容并不多，或者即使有，也只有那么一点，已经太熟悉了，自己也没有再去学习；自己所从事的行业并非朝阳行业，或者即使是朝阳行业，也并非核心部门；从事工作这么多年以来，职业或待遇没有显著变化，或许几年前工资待遇是令人羡慕的，但这几年下来，别人都已经进步了，你依然在原地踏步；你与身边的同事一起工作很多年了，但始终只有几个是关系不错的，甚至领导对你的印象也不深刻。

如果你符合以上任何两点乃至更多，那么你已经是温水中的青蛙了，应该保持警惕心态。

2.给未来一个方向

大多数人看不清楚目前的状况，对未来充满迷茫，这在很大程度上都是由于对未来没有一个十分明确的规划，也不清楚自己希望朝着什么方向发展。正所谓“生于忧患，死于安乐”，大家不妨计划一下自己五年之后希望变成什么状态，若是按目前的状况是否可以走到那一步。

3.拓展自己的人际关系

每一条人脉背后都是一个潜力的圈子，内向者的职场发展在很大程度上来说依赖于人际关系圈子。内向者要敞开心扉，多认识一些朋友，这样很有可能带来意想不到的机会。

4.保持好的学习习惯

不断地学习会让我们意识到身边的危险和即将出现的变化，让自己开拓视野，而不是故步自封，原地踏步。在这方面所有职业都是相通的，即便是公认的温水环境，如政府部门。尤其需要提醒的是，千万不要等到工作有需要时才想到学习，而应将学习当成主动的目标，没事时哪怕看看书也是很不错的。

5.适度忍让

假如自己真的决定摆脱“温水”环境，不管是寻找全新的职场机遇，还是在现有的环境下作出改变，都需要适度忍让。这种忍让有可能是待遇方面的，也有可能是工作变动等。假如一时的后退可以换来更大的前进，那所有的一切都是值得的。

身处温水环境中并不是最可怕的，可怕的是身在其中却不知，依然浑浑噩噩地过日子。所以，我们需要随时保持自省的意识，保持清醒的头脑，具备敏感度和警惕性，即使在温水中，也不要太过忧虑，而是想办法改变自己现在的处境。

参考文献

[1]辰格.戒了吧，拖延症[M].天津：天津人民出版社，2013.

[2]牧彤.拖延症的自我疗法——七周扫除拖延症[M].北京：人民邮电出版社，2014.

[3]威廉·克瑙斯.终结拖延症[M].北京：机械工业出版社，2015.

[4]张弛.告别拖延症，提升执行力[M].北京：中国商业出版社，2016.

[5]墨陌.戒掉拖延症，你敢吗？[M].南京：南京大学出版社，2016.